KB196909

숲, 나를 치유하다

박상규 저

학지사

지금 자신이 숨 쉬고 있음을 알아차리는가? 내가 지금 숨 쉬고 있음을 알아차리면서 호흡하면 마음이 평온하고 현실에 맞게 자기를 잘 조절하게 된다.

이 책은 마음챙김을 기본으로 하여 저자의 임상경험과 연구를 토대로 구성하였다.

책 I부는 마음챙김을 주제로 '호흡명상' '일상에서 깨어 있기'의 내용으로 구성하였다. II부는 자기사랑을 주제로 '무위자연의 자존감' '생각 사용하기'의 내용으로 기술하였다. III부의 내용은 대화기술을 주제로 하였으며, '자기감정 알아차리고 표현하기' '부모의 마음챙김과 정신건강' '자기역할과 마음챙김'의 내용으로 구성되어 있다. IV부의 내용은 영성을 주제로 '영성 의식하기' '자연과 함께'로 구성하였다.

독자들이 처음에는 이 책의 내용이 어렵다고 생각할 수 있으나 여러 번 반복하여 읽고 실천하면 서서히 본인에게 일어나는 변화를 체험할 수 있다. 나에게도 아직 문제가 남아 있지만, 일상에서 꾸준히 나를 주시하여 어제보다 조금 더 현명해진 나로 살고 있다. 호흡부터 시작하여 일상에서 마음챙김이 잘 되면 현실에 유능하게 대처할 수 있다.

이 책이 나오기까지 귀중한 가르침을 베풀어 주신 여러 스승님께 머리 숙여 감사드린다.

격주로 공부하는 중독과 마음챙김 스터디 그룹에서 중요한 조언을 해 주신 권오창 박사님, 김귀람 선생님, 김영원 선생님, 박정원 선생님, 양서영 선생님, 이관희 선생님, 이정은 선생님에게 감사의 마음을 전한다. 바쁘신 중에 원고를 읽어 보고 필요한 피드백을 해 주신 가톨릭꽃동네대학교의 김혜련 교수님께도 감사드린다. 이 책의 편집을 위해 애써 주신 학지사 편집부의 김서영 선생님께도 감사의 마음을 전한다. 이 외에도 이 책이 나오기까지 도움을 주신 여러분에게 깊은 감사를 드린다.

2025년 1월
저자 박상규

III. 깨어서 대화하기 _____

IV. 영성의 힘으로

숨, 나를 치유하다

I

알아차리기

1 / 호흡명상

🔖 호흡 알아차리기

숨은 생명의 시작이며 끝이다. 숨만 잘 쉬어도 인생이 달라진다. 지금 내가 숨 쉬는 것을 분명히 알아차리면 마음이 편안해지고 현실에 잘 대처하게 된다. 숨 쉬는 것을 알아차리는 순간 생각과 감정의 흐름이 멈추기에 자기조절이 쉬워진다.

지금 들이쉬고 내쉬는 호흡을 분명히 알아차린다. 배로 숨이 들어오고 나가는 것을 복부의 감각으로 알아차린다. 나의 호흡이 긴지, 짧은지, 깊은지, 얕은지 살펴본다.

나는 상담할 때 호흡 마음챙김에 대해 다음과 같이 안내한다.

> 척추를 똑바로 펴고 몸에 힘을 빼면서 앉습니다. 이때 척추를 앞으로 약 10도 정도 기울이고 숨을 쉬면 숨이 더 편안해집니다. 숨을 들이쉴 때 배가 팽창하고, 숨을 내쉴 때 배가 수축하는 것을 배의 감각으로 알아차립니다.

호흡을 알아차림으로써 마음은 지금 여기에 온전히 존재하게 된다. 마음챙김은 자기를 떼어 놓고 보는 것으로, 순간순간 일어나는 호흡과 느낌, 생각, 감정, 갈망 등을 분명하게 주시하는 것이다.

나는 마음챙김을 택시 운전사와 손님으로 비유해서 설명한다(박상규, 2022).

> 택시 운전사가 택시에 손님이 타고 내리는 것을 분명히 보듯이 내게 일어나는 생각과 감정을 분명히 알아차린다. 운전사가 택시에 타는 손님을 친절하게 맞이하듯이 내 마음에 찾아오는 손님도 친절하게 맞이한다.

나의 생각과 감정은 택시에 타는 손님이다.

만약 자신이 발표를 앞두고 불안하다면 '불안'이라는 손님이 왔음을 알아차린다. 이때 척추를 똑바로 펴고 호흡 마음챙김을 하면 생각과 감정의 흐름이 멈추어지고 안정된다. 호흡 마음챙김으로 마음이 편안해지면 '완벽하지 않아도 괜찮다' '있는 그대로 보여 주면 된다'라고 생각을 바꾸어 본다.

감정의 흐름은 호흡 상태, 몸의 변화와 같이 움직인다. 불안하면 몸이 굳어지고, 심장이 빨리 뛰면서 호흡이 짧아지고 가빠진다.

공황장애가 나타나면 호흡은 더 가빠지고 심장은 더 빨리 뛰며 죽을 것 같다는 생각마저 든다. 이럴 때도 '내가 불안하구나!' 하고 알아차린다. 불안이 차츰 줄어들면 생각을 현실에 맞게 바꾸면서 지금 자신이 해야 할 일에 집중한다.

공황장애로 힘들어하는 A씨를 만나 상담하였다. A씨는 한 달 전부터 밖에 나가면 숨이 가빠지고 심장이 빠르게 뛰면서 죽을 것 같다는 생각으로 불안했다고 한다. 나는 A씨에게 불안이 일어나면 '택시에 손님이 왔다'는 것을 알아차리도록 하였다. 그다음에 척추를 똑바로 펴고 호흡명상을 하도록 하였다. 불안이 가라앉으면 '이 또한 지나가리라'라고 생각하면서 지금 자신이 해야 할 일을 하도록 하였다. A씨는 공황장애가 일어날 때 척추를 똑바로 펴고 호흡명상을 하면서 '지금 죽지 않는다' '이 또한 지나가리라'라고 생각하자 불안이 감소했다고 하였다. 그 후로도 몇 번의 공황장애가 일어났으나 그때

1. 호흡명상

13

마다 이 방법으로 잘 대처할 수 있었다고 하였다.

공황장애와 같은 정신과적 증상은 자기 나름대로의 타협책인 경우가 많다. 의식하지는 못하지만 직장이나 가정에서 자기를 지키기 위해 자신이 선택한 해결책으로 볼 수 있다. A씨의 경우도 공황장애의 시작이 직장에서의 갈등과 관련되어 있었다. 갈등이 일어날 때, 자신과 가정을 보호하기 위해, 공황장애라는 병이 있으면 직장에서 자기에게 부담스러운 역할을 피할 수 있다는 타협책으로 증상이 일어난 것이다. 명석한 A씨는 자기를 지키기 위해서 자신이 공황장애 증상을 만들어 냈음을 통찰하였다. 상담은 3회기로 끝났는데, 두 달 후에도 A씨가 가정과 직장에서 잘 적응하고 있다는 소식을 들었다. 호흡을 알아차리면서 자기의 마음을 진정으로 이해하고 받아들이면 치유가 이루어진다.

중요한 시험이나 면접을 앞두고 불안할 때는 불안을 알아차리고 1분 정도라도 자기의 호흡 상태를 관찰해 본다. 이와 같이 짧은 호흡 명상만으로도 마음이 안정되고 자신감이 생긴다.

만약에 또 불안이 오면 불안하다는 것을 그대로 알아차리고, 숨을 깊고 길게, 들이쉬고 내신다. 이러한 방법으로 불안을 잘 다스리면 지금 자기가 해야 할 일에 집중할 수 있다.

인간의 마음 상태는 호흡으로 드러나기에 자기의 호흡을 관찰하면 지금 자기의 마음 상태를 알게 된다.

다른 사람을 만날 때 호흡이 불편한지, 편한지를 살펴본다. 호흡이 편하지 않으면 마음이 편안하지 않다는 것이다. 이때 반복하여 깊고 길게 호흡하면 마음이 편안해진다.

호흡으로 감정 조절하기

혹시 지금 불안한가?

그렇다면 척추를 똑바로 세우고 몸의 힘을 빼면서 숨을 깊고 길게 내쉬어 본다. 마음이 좀 더 편안해질 것이다. 호흡을 조절하면 감정을 조절할 수 있다. 심한 불안이 갑작스럽게 올라오면 호흡 마음챙김이 잘 되지 않는다. 이때는 1분 정도 아랫배로 숨을 깊고 길게 내쉬는 것을 반복한다. 숨을 내쉴 때 6~7초 정도로 길게 내쉰다. 그러면 마음이 편안해지고, 상황에 맞게 잘 대처하게 된다.

화가 나면 몸에서도 변화가 일어난다. 감정 상태의 변화는 몸의 변화를 수반한다. 지금 일어나는 몸의 변화를 감각으로 분명히 알아차리면서 깊고 길게 천천히 호흡한다. 분노할 때는 아드레날린과 같은 신경전달물질이 분비되지만, 깊은 호흡은 세로토닌과 같은 물질을 분비하여 마음을 안정시킨다(이시형, 2020).

어린 시절의 행복한 순간을 떠올려 보고 그때의 호흡 상태가 어떠했는지를 상기해 본다. 내가 면담한 사람 대다수는 "그때는 숨이 깊고 길면서 편안했다."라고 말한다. 어린 시절의 호흡 상태가 잘 기억나지 않는다면 최근에 평온하고 행복하였던 순간의 호흡 상태를 떠올려 본다. 그리고 그때와 같이 숨 쉬어 본다. 그러면 마음이 평온해진다.

마음이 우울하거나 불안할 때는 의식적으로 어린 시절에 숨 쉬던 대로 깊고 길게 숨 쉬어 본다.

B씨는 어렸을 때 개울가에서 부모와 오빠와 함께 물놀이했을 때가 행복했다고 했다. 나는 B씨에게 그 당시의 호흡 상태가 어떠했는지를 물어보았다. B씨는 호흡이 깊고 길고 안정적이었다고 말하였다. 나는 B씨에게 지금 여기서 그 당시의 호흡 상태와 같이 숨을 쉬어 보도록 하였다. B씨는 깊고 길고 편안하게 숨을 쉬었다. 호흡 연습을 한 다음에 기분이 어떠한지 물어보았다. B씨는 '편안하다'고 하였다. 나는 B씨에게 평소에도 자주 그렇게 호흡하도록 권유하였다.

K씨는 어린 시절에 자신이 정말 갖고 싶었던 장난감을 부모로부터 선물받았을 때 행복했다고 했다. 그때 호흡은 어떠했는지를 물어보았다. K씨는 깊고 천천히 숨 쉬었다고 하였다. 나는 K씨가 의식적으로 깊고 길게 천천히 호흡할 수 있도록 이끌었다. 지금 기분이 어떤지를 물어보니 편안하고 행복하다고 하였다. 나는 K씨에게 자주 깊고 길게 천천히 숨을 쉬도록 권유하였다.

호흡 상태는 신체 건강에 영향을 미친다. 호흡이 안정되면 심장 박동 수도 안정된다. 숨을 배로 깊고 길게 내쉬면 세로토닌이 분비되어 마음이 편안해지고 면역력이 증가한다. 또 이산화 탄소 등 노폐물이 빠져나가고, 혈액 순환이 잘 되며 내장에 혈액과 산소가 잘 공급되어 건강해진다(청견, 2009). 깊고 길게 호흡하면 혈액의 산소 포화도가 높아지고, 혈압이 조절되며, 자율신경계의 균형이 유지되어 스트레스와 불안이 줄어드는 등 건강과 장수에 도움이 된다 (Magnon, Dutheil, & Vallet, 2021; Russo, Santarelli, & O'Rourke, 2017). 건강이 좋지 않은 사람도 배로 깊고 길게 숨을 내쉬는 것을 반복하면 건강이 나아진다. 배꼽 아래 3cm 정도의 위치에 있는 단전에 의식을 집중하여 숨을 더 깊고 길게, 더 고르고 부드럽게 한다는 마음으로 호흡하면 신체와 인지기능이 좋아진다(일타스님, 2013). 잠자는 어린아이의 배와 같이 깊고 길게 호흡한다. 몸과 마음의 건강을 위해 자주 깊고 길게 호흡해 본다.

> 불안을 느낄 때, 내가 불안하고 있음을 인식한다. 그런 다음에 척추를 똑바로 세운 후 깊고 길게 호흡하면 불안이 줄어든다. 마음이 안정되면 지금 내가 해야 할 일에 집중한다.

호흡 상태는 인간의 심리 상태에 중요한 영향을 미친다. 깊고 길게 호흡하면 스트레스와 불안이 줄어들고, 주의력과 기억통합능력 등 인지기능이 향상된다(Noble & Hochman, 2019). 불안과 스트레스, 중독 등의 심리적 문제를 해결하고, 인지기능을 향상하기 위해서 호흡법을 사용할 수 있다. 호흡은 감정과 인지기능에 영향을 미치고, 감정은 신체기능에 영향을 미치기에 호흡을 잘 다스리면 몸과 마음이 건강해진다.

특히 호흡 마음챙김에 익숙해지면 자동적으로 일어나는 다양한 중독 대상에 대한 갈망을 조절하고 다스릴 수 있다. 갈망을 알아차리는 순간 갈망의 흐름이 차단되기 때문이다. 물론 처음에는 쉽지 않다. 하지만 호흡 마음챙김을 반복하여 익숙해지면 갈망이 일어나고 사라지는 것을 쉽게 관찰할 수 있어 재발을 예방할 수 있다.

지금 내가 숨을 들이쉬고 내쉬는 것을 분명히 알아차리면 지금 일어나는 생각과 감정의 흐름이 차단됨을 알게 된다. 댐이 강물의 흐름을 막아 놓듯이 마음챙김은 생각과 감정의 흐름을 잠시 멈추게 하고, 조절할 수 있게 한다.

C씨는 호흡명상을 한 다음부터 마음이 안정되고 생각의 흐름을 멈출 수 있었다고 하였다. C씨는 "이전에는 어떤 생각이 떠오르면 계속 흘러가서 힘들었는데, 지금 내가 생각한다는 것을 알아차리자 생각이 멈추고 조절되어 마음이 편안해졌다."고 하였다.

호흡과 몸, 마음은 서로 영향을 미친다. 편안하게 호흡하면 마음이 편안하다. 마음상태 또한 호흡에 영향을 준다. 마음이 불편하면 호흡은 짧고 거칠다. 마음이 편안하면 호흡은 깊고 길다. 또 몸을 잘 조절하면 호흡과 마음이 편안하다.

요가와 참선에서도 조신(調身), 조식(調息), 조심(調心)을 강조한다. 몸과 호흡을 함께 조절하면 마음을 조절하기 쉽다. 몸의 자세를 올바르게 하면 호흡이 잘 조절되면서 마음을 잘 다스릴 수 있다. 몸

이 유연해지면 호흡을 조절하기가 쉽고, 호흡을 잘 조절하면 마음도
잘 조절할 수 있다(해거스님 외, 2021).

1. 호흡명상

◗ 숨만 잘 쉬어도 유능하다

지난날 내가 편안하고 행복했던 순간의 호흡 상태가 어떠했는지 생각해 보자. 어린 시절처럼 순수했던 시절을 떠올려도 된다. 지금 그때처럼 깊고 편안하게 숨을 내쉬어 보자. 마음이 달라짐을 느낄 것이다.

평온했던 그 순간의 호흡 상태를 기억하고 그렇게 숨을 쉬어 본다. 갓난아이의 호흡처럼 깊고 긴 호흡을 자주 할수록 마음은 더 평온해진다. 호흡과 마음 상태와의 관계를 그림 1, 2와 같이 설명할 수 있다(박상규, 2022b).

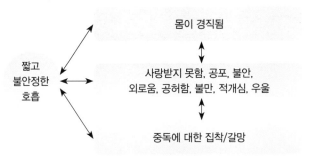

그림 1 불편한 호흡과 마음 상태

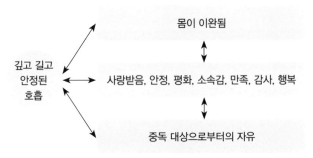

그림 2 편안한 호흡과 마음 상태

그림 1과 같이 호흡이 불편하면 몸이 경직되고 마음이 불편하며 중독 대상에 대한 갈망이 일어난다. 하지만 그림 2에서 보듯이 사랑받음, 안정, 평화, 소속감, 만족, 감사, 행복을 느낄 때는 호흡이 편안하고 몸이 이완되어 있다. 호흡이 편안하면 사랑받는 느낌, 안정과 평화, 감사를 느끼기 쉽고 중독으로부터도 자유로워질 수 있다.

J씨는 최근 직장을 한번 옮겨 볼까 생각했다. 옮기려는 직장은 지금 다니는 직장에 비하여 보수는 많지만 업무 시간이 길고 스트레스가 많은 곳이었다. 특히 아이들과 보내는 시간을 중요시하는 J씨에게는 부담이 되었다. 막상 직장을 옮길까 마음을 먹으니 몸이 굳어지고 호흡이 불편해졌다. 순간 J씨는 지금 자기 마음이 '불편하구나!' 하고 알아차리며 '무리하게 할 필요가 없다.'라고 생각하여 직장을 옮기지 않기로 하였다.

숨을 들이쉴 때 배가 팽창하는 것을, 숨을 내쉴 때 배가 수축되는 것을 알아차린다. 지금 나의 마음이 불편하다면 '마음이 불편하구나!' 하고 알아차리면서 자기의 호흡 상태를 관찰한다. 1분 정도라도 복부에서 일어나고 사라지는 호흡을 관찰하면 마음이 편해진다.

아침에 일어나면 잠시 시간을 내어 호흡명상을 한다. 마음이 편해지면 오늘 내가 해야 할 가장 중요한 일이 무엇인지 생각해 본다.

잠들기 전에 오늘 하루를 잘 보낸 것에 감사하면서 호흡명상을 한다. 호흡명상을 하면 평온하게 잠들고, 다음날 아침에 가뿐한 마음으로 일어날 수 있다.

1. 호흡명상

2 / 일상에서 깨어 있기

▌몸의 감각과 자세 알아차리기

몸의 감각이나 자세가 어떤지 자주 살펴보고 대처하면 건강이 좋아지고 마음이 편해진다. 지금 내 몸이 나에게 무슨 말을 하는지 몸의 감각으로 느껴 본다. 지금 몸이 피곤하다고 말하면 쉬는 것이 좋다.

화가 날 때는 숨이 가빠지고 몸이 긴장된다. 이때 긴장된 몸을 스트레칭 등으로 이완시키면 분노가 줄어든다. 예를 들어, 친구를 만났는데 친구가 웃으면서 반갑게 맞이하면 호흡이 편해지고 몸이 이완된다. 하지만 친구가 화를 내면서 말하면 나의 호흡이 불안정해지고 몸이 굳어진다.

지금 자기 몸의 상태를 살펴본다. 몸이 굳어 있다면 몸에 힘을 빼고 깊이 숨 쉬어 본다. 이때 척추를 똑바로 세우면 도움이 된다. 자세는 마음 상태에 영향을 미치기에 척추를 똑바로 하고 힘을 빼면 마음이 안정된다.

나는 학생들에게 항상 척추를 똑바로 세울 것을 강조하는데, 이는 자세를 올바로 하였을 때 인지기능이 좋아지고 기분이 긍정적으로 바뀌기 때문이다. 구부정한 자세는 부정적인 감정을 유발한다. 척추를 똑바로 세우면 각성이 되고 인지적 처리 속도가 빨라지며 기분이 긍정적으로 바뀐다(Awad, Debatin, & Ziegler, 2021). 우울한 사람들은 구부정한 자세를 취하는 경향이 있었으며, 곧은 자세를 취한 사람들은 각성도가 높고 상대적으로 덜 피로하다(Wilkes, Kydd, Sagar, & Broadbent, 2017). 몸에 힘을 빼고 척추를 곧추세우기만 해도 인지기능이 좋아지고, 자신감이 일어난다.

우울하면 '지금 내가 우울하구나!' 하고 알아차리고 척추를 바로 세운 후 호흡명상을 한다. 그리고 생각을 바꾸어 본다. 자세를 바로 하고 호흡에 집중하면 마음이 편안해지고 생각을 유연하게 다룰 수 있다.

최근 사업에 실패한 P씨는 과거 잘못에 대한 생각이 계속 떠올라 우울했다. P씨는 지금 자신이 우울하고 비관적으로 생각한다는 것을 알아차렸다. 그래서 척추를 똑바로 한 다음에 3분 정도 호흡 마음챙김을 하였다. 그러자 마음이 안정되면서 자신감이 일어났다. P씨는 '사업에 실패했지만 많이 배웠다. 내가 조금 더 현명해지기 위해 비싼 수업료를 냈다. 다시 한번 해 보자.'라고 생각하였다.

율곡 이이는 『격몽요결』에서 구용구사(九容九思)를 강조하였다. 이 중 구용에서는 다음의 아홉 가지 모습을 살펴보고 조절하도록 하였다(이이, 2013).

"발의 모습은 무거워야 하고, 손의 모습은 공손해야 하고, 눈의 모습은 단정해야 하고, 입의 모습은 멈추어져 있어야 하고, 목소리는 고요해야 하고, 머리의 모습은 곧아야 하고, 숨 쉬는 모습은 엄숙해야 하고, 서 있는 모습은 후덕해야 하고, 얼굴빛 모습은 장중해야 한다."

지금 내 몸의 자세가 어떤지 의식해 본다. 자세가 좋지 않다면, 척추를 똑바로 세우고 몸에 힘을 빼고 앉거나 선다. 지금 내가 스마트폰을 사용한다면 어떤 자세로 스마트폰을 사용하는지 알아본다. 머리를 세우고 허리를 똑바로 펴면서 몸에 힘을 빼고 스마트폰을 사용한다. 길을 걸어갈 때도 지금 자신의 자세가 어떤지 알아차린다. 척추를 똑바로 세우고 가슴을 펴고 걸어간다.

지금 자기의 표정이 어떤지를 살펴본다. 표정을 알아차리면 표정이 부드러워진다. 거울을 자주 보면서 자기 표정을 살펴본다. 숨을 깊고 길게 내쉰 다음 살짝 미소를 지어 본다. 잠깐의 알아차림만으로 표정이 좋아지고 마음이 편안해진다.

허리를 곧추세우고 가슴을 들어 올리고 아랫배 부분에 힘을 주면서 앉는다. 걸어갈 때도 허리를 펴고 가슴을 약간 들어 올리면서 다리를 쭉 펴고 걷는다. 만약 지금 자기 허리가 구부정하다는 것을 알아차리면 허리를 똑바로 편다.

자기 몸의 느낌과 자세, 표정을 분명히 주시하는 것이 자기사랑의 시작이다. 사랑하는 사람에게 관심을 가지듯이 먼저 내 몸의 느낌과 자세를 주의하고 살펴본다.

방에 들어가 잠시 눕거나 혹은 의자에 앉아서 자기 몸의 느낌을 알아차린다. 발끝에서 정수리까지 내장을 포함해서 몸에서 일어나는 느낌을 분명히 관찰한다. 몸에서 반복하여 일어나고 사라지는 느낌을 관찰한다.

우리의 몸과 마음은 같이 연결되어 있기에 몸에 힘을 빼고 이완하면 마음이 편안하고 안정된다. 운동, 요가, 마사지, 뜨거운 물로 하는 목욕 등은 몸을 이완시키면서 마음을 편안하게 한다. 몸을 이완한 다음에 깊고 길게 호흡하면 마음이 편안해진다.

마음이 불편한 것을 깨달으면 잠시 자세를 올바르게 해 본다. 척추를 똑바로 펴고 몸에 힘을 빼면서 앉는다. 그리고 편안하게 미소 짓는다. 몸과 호흡을 조절하면 마음이 조절되어 유능하게 일할 수 있다.

일상에서 자주 척추를 똑바로 세우고 몸에 힘을 빼고 앉으면서, 얼굴에 가벼운 미소를 짓고, 깊고 길게 호흡하면 마음도 긍정적으로 바뀌면서 자신감도 생긴다.

걷는 것 알아차리기

인간은 걸어야 사는 동물이다. 일부러 시간을 내어서라도 걸어 본다. 바쁘더라도 매일 약간 땀이 날 정도로 걷는다. 걷기로 몸의 대사기능이 원활해지고 강화되어 건강이 회복된다. 걸으면 신체 건강뿐아니라 정신건강도 좋아진다.

걸을 때 한발 한발 걸음을 알아차리면서 걷는 것을 걷기 마음챙김이라고 부른다. 호흡에 주의집중이 잘 안되면 우선 걷기 마음챙김을해 본다. 왼발과 오른발의 움직임을 느끼며 걷는다. 또 발바닥의 느낌을 알아차리면서 걸을 수도 있다. 발을 들 때의 느낌, 다리를 움직일 때의 느낌, 발이 바닥에 닿을 때의 느낌을 알아차리며 걷는다. 걷기 마음챙김을 하면 생동감이 일어나고 마음이 편안하다.

걷기 마음챙김은 실내와 실외에서 다 할 수 있다. 걷다가 멈출 때자기의 호흡 상태를 알아차린다. 내쉬고 들이쉬는 숨을 알아차리면서 걸어 본다.

숲속과 같은 자연 속에서 걸으면서 나무 사이로 비치는 빛, 새소리, 바람에 흔들리는 나뭇잎 소리, 목덜미를 스치는 따스함, 바람의촉감, 풀과 꽃의 냄새 등을 즐긴다.

편안하고 행복한 마음으로 걸으면 몸의 면역기능이 좋아져서 건강에 도움이 된다. 공기가 좋은 숲속에서 산책하면 피톤치드 등 다양한 물질이 몸으로 흡수되기에 마음이 안정되고 건강도 좋아진다.

혹시 지금 자신의 건강이 좋지 않다면 내쉬는 숨을 조금 더 깊고길게 한다는 마음으로 숲속을 걸어 본다. 숲길을 걸으면서 지금 여기에 살아 있는 나, 자연의 하나로서 자신을 만나는 기쁨을 느낀다.

먹는 것 알아차리기

'내가 먹는 것이 나를 만든다.'는 말이 있다. 음식은 우리의 신체 건강뿐만 아니라 마음 상태에도 영향을 미친다. 먹는 음식에 따라 마음가짐이 달라진다.

먹을 때 먹고 있음을 알아차리면서 먹는 것이 먹기 마음챙김이다. 먹기 마음챙김을 하면 음식의 종류와 양을 조절할 수 있다. 음식을 먹기 전에 음식에 대한 욕구가 일어나면 그대로 알아차리고, 잠시 쉬었다가 천천히 씹어 먹는다.

음식을 먹기 전에 이 음식이 나의 건강에 도움이 되는지, 건강을 나쁘게 하는지 알아본다. 사람들은 몸에 나쁜 음식인 줄 알면서도 습관이 되어 그저 먹는 경우가 있다. 맛도 중요하지만 영양가 있는 음식을 먹어야 한다. 건강을 위해서는 규칙적으로 정해진 시간에 식사한다. 자극적인 음식은 줄이고 조금 부족할 정도의 양을 천천히 씹어 먹는다.

음식을 먹기 전에, 이 음식을 먹을 수 있도록 노력한 많은 분을 생각하고 감사하는 시간을 가져 본다. 음식을 천천히 씹으면서 음식의 색과 모양, 음식에서 나는 냄새, 씹는 소리, 음식의 맛 등을 느껴 본다. 식사를 시작할 때 1분 정도라도 시간을 내어 오감을 알아차리면서 천천히 먹어 본다. 음식을 다 먹은 다음에도 잠시 감사하는 시간을 가진다. 알아차리면서 먹으면 건강해지고 자기 몸과 마음을 잘 조절하게 된다.

음식을 앞에 두고 일어나는 욕구를 알아차린다.

↓

척추를 똑바로 하고 호흡을 알아차린다.

↓

약간 적다고 생각하는 정도의 양을 천천히 씹어 먹는다.

🔳 일상에서 깨어 있기

고통은 여름의 소나기처럼 우리 가슴에 갑자기 찾아온다. 마음챙김을 하면 고통이 오더라도 마음속으로 깊이 스며들지 않는다. 마음챙김은 마음을 코팅한 것과 같이 고통이 깊이 스며들지 않도록 다른 사람이나 환경으로부터 나를 보호한다. 지금 힘든 상황에 놓여 있더라도 마음챙김이 되면 고통이 줄어든다.

잠에서 깨어 있더라도 자기의 마음을 알아차리지 못했다면 잠이 덜 깬 상태다. 자신의 에고(egotic)에서 깨어나야 제대로 깨어 있는 것이다. 마음챙김은 영적으로 깨어나게 하는 첫 관문이다.

처음에는 1분 정도라도 시간을 내어 보다가 차츰 시간을 늘려 간다. 짧은 시간이라도 꾸준히 마음챙김하면 서서히 마음이 편해지고 자기조절력이 좋아진 것을 본인이 알게 된다.

하루에도 여러 번 자기의 호흡상태가 어떤지 살펴본다. 숨을 들이쉬고 내쉬면서 지금 자기가 살아 있음을 느낀다. 호흡과 함께하는 참나를 의식한다.

호흡명상은 아침 일찍이나 잠들기 전과 같이 자신에게 편한 시간, 집중이 잘 되는 시간을 정해 놓고 정해진 장소에서 하는 것이 좋다. 명상할 때 반가부좌나 가부좌로 앉는다. 의자에 앉아서도 할 수 있다. 의자에 앉을 경우에는 척추를 똑바로 편다. 좌선하여 명상할 때는 엉덩이 뒤에 방석을 5cm 정도의 높이로 깔아 놓고 하면 자세를 잡기가 편하다.

호흡명상을 하는 것이 습관화되면 마음이 안정되고 자기조절력이 향상된다. 들이쉬고 내쉬는 숨을 분명하게 알아차리면 나중에는 일어나고 사라지는 감정과 생각도 분명히 보게 된다. 짜증이 나거나 화가 날 때도 알아차리면 감정의 조절이 가능하다.

호흡 수행 중에도 호흡을 보지 못하고 놓칠 수 있다. 놓치면 다시 시작한다. 포기하고 싶을 때는 '포기하고 싶구나!' 하고 알아차린다. 꾸준하게 수행하면 점차 들숨과 날숨의 흐름이 분명히 보이게 된다.

건강을 위해서도 호흡과 몸의 느낌을 자주 알아차리는 시간을 가진다. 호흡이 깊고 긴지, 얕고 짧은지, 몸의 상태는 어떠한지 관찰한다. 호흡과 몸의 상태를 알아보고 잘 보살핀다.

일상에서 일어나는 감정과 갈망을 손님으로 본다. 외로움이 일어날 때 '외로움이라는 손님이 왔다' 하고 알아차린다. 슬픔이 일어날 때 '슬픔이라는 손님이 왔다' 하고 알아차린다. 갈망이 일어나면 '갈망이라는 손님이 왔다' 하고 알아차린다. 일상에서 일어나는 자기의 감정과 갈망을 분명히 알아차리면 현실에서 편한 마음으로 살아가면서 깊고 긴 호흡을 하게 된다.

▋돈에 대한 불안 알아차리기

 현대의 많은 사람이 돈 문제로 힘들어한다. 돈 문제로 불안할 때 '불안하구나!' 하고 알아차리고 잠시라도 호흡명상을 하면 마음이 평온해지고 현실을 있는 그대로 받아들일 수 있는 여유가 생긴다.

 돈에 대한 트라우마를 가진 사람은 어린 시절에 돈 문제로 상처를 입은 경험이 있다. 돈이 없어서 불안했거나, 공포감을 느꼈거나, 다른 사람에게 창피를 당한 경험이 있다. 또 부모가 돈 문제로 자주 싸우는 것을 목격하면서 불안했던 기억이 있다.

 돈 트라우마는 돈에 대한 경험 자체보다는 돈에 대한 자신의 생각과 관련된다. '앞으로 힘들겠다' '절망이다'라고 생각하면 호흡이 가빠지고 머리가 아프면서 불안이 심해진다.

 돈에 대한 불안이 심하면 지금 자신이 해야 하는 일에 집중하기 어렵고, 돈을 잘 관리하지 못하면서 삶의 질이 나빠진다. 또 도박과 같은 위험한 행동을 추구한다. 돈에 대한 불안과 집착이 심한 도박 중독자가 도박행동을 지속하여 자기와 가족을 불행에 빠트리는 경우도 있다.

> L씨는 어린 시절부터 경제적으로 궁핍하게 살면서 돈에 대한 불안이 심했다. 최근 취업 시험에서 떨어지자 갑자기 심한 불안이 밀려왔고, '앞이 깜깜하고 절망적이다'라는 생각이 들었다. 숨이 가빠지면서 머리가 아프기 시작하였다. L씨는 그때 자신이 불안하다는 것을 알아차리고 잠시 호흡명상을 하였다. 마음이 안정되자 '괜찮다. 다른 직장을 알아보면 된다.'라고 생각하였다. L씨는 처음 불안이

왔을 때 호흡에 집중하는 것도 어려웠으나 반복하여 연습하자 불안이 일어날 때마다 호흡명상을 하면서 생각도 긍정적으로 바꿀 수가 있었다.

불안이 일어나면 알아차리고 자기의 마음을 따스하게 보살펴 준다. "불안하구나! 힘들구나! 괜찮다. 다른 방법을 찾아보자." 하면서 스스로 격려한다.

돈을 잘 벌기 위해서는 이전과는 다르게 생각해야 한다. 자신감과 여유를 가지고 유연하게 생각해 본다. 노련한 운전사가 현재의 도로 상황을 고려하면서 자동차를 운행하듯이 자기 고집대로 하기보다는 상황에 맞게 유연하게 대처한다.

지금 돈에 대해 일어나는 불안이나 욕심을 분명히 볼 수 있어야 현실을 분명히 볼 수 있고 잘 적응하게 된다. 경제적으로 힘들수록 마음챙김이 더 필요하다. 우리 속담에 '호랑이에게 물려 가도 정신만 차리면 산다'는 말처럼 불안과 공포감이 일어날 때 그런 마음을 손님으로 분명히 알아차리면 살길이 보인다. '쥐구멍에도 볕 들 날 있다'는 속담과 같이 희망을 가지고 지금 내가 할 수 있는 일부터 하나씩 해 나간다.

호흡명상으로 마음을 안정시키고 나서 5년 후, 10년 후에 풍요로움을 느끼며 사는 자신을 상상해 본다. 그리고 지금 자신이 어떤 행동을 해야 할 것인지를 생각하고 실천한다.

마음챙김의 힘

개울가의 바위에 물이 끊임없이 스치며 흘러도 물이 바위 안으로 스며들지 않듯이 마음챙김은 고통으로부터 자기를 보호한다.

힘들수록 힘든 자기 마음을 분명히 알아차린다. '내가 힘들구나!' 하고 자기를 떨쳐 놓고 보면 마음이 편안해진다. 힘들 때는 숨을 한번 크게 내쉬면서 자기감정을 떨쳐 놓고 바라본다.

꾸준히 마음챙김을 하면 일어나고 사라지는 자기감정이 분명히 보이게 된다. 처음에는 자기의 호흡 상태도 알아차리기 어렵지만 꾸준하게 수행하면 생겨났다가 사라지는 감정의 변화도 잘 알아차리게 된다.

운전사가 택시에 타는 손님을 알아차리듯이 지금 내 마음이라는 택시에 온 손님을 알아차린다. 알아차리면 손님의 힘이 점차 약해지고 마침내 사라지는 것을 본다.

충동적 성향이 있는 사람도 자기의 충동을 분명하게 볼 수 있으면 충동을 조절할 수 있다. 성격적 취약성이 있더라도 알아차리는 힘이 강하면 현실에 맞게 자기의 행동을 조절하게 된다. 강물이 많이 불어나더라도 댐이 튼튼하면 홍수가 나지 않는 것처럼 마음챙김이 되면 충동을 잘 다스릴 수 있다.

열등감이 많은 사람도 '지금 열등감이라는 손님이 왔구나!' 하고 알아차리면 마음이 안정된다. 누구나 자기가 가진 취약성을 알고 조절하면 현실에 잘 적응할 수 있다. 마치 자동차의 헤드라이트가 고장 난 것을 알게 된 운전사가 헤드라이트를 고치거나, 야간에는 운전하지 않는 것과 같다.

하늘에 떠다니는 구름처럼 우리 마음은 상황과 조건에 따라 이리저리 움직인다. 사람에 대한 감정도 시간이 흐르면 달라진다. 한때그 사람에게 좋은 감정을 가졌지만 나중에는 실망과 분노의 감정으로 바뀔 수도 있고, 처음에는 마음이 들지 않았던 사람도 나중에는소중한 사람으로 남을 수 있다. 자기를 학대했던 부모를 원망하고분노했던 사람이 시간이 지나면서 부모에 대해 감사하고 그리워하기도 한다.

O씨는 어린 시절에 자기를 버리고 떠나간 어머니를 원망하였다. 하지만 몇 회기의 상담이 진행되면서 O씨는 어머니의 입장을 이해하기 시작하였다. "그때 어머니 본인도 힘들었을 텐데 그만큼이라도나를 돌보고 사랑해 주신 어머니께 감사드린다."라고 말하였다.

내가 달라지면 다른 사람도 다르게 보인다. 내가 마음이 여유롭고풍족하면 다른 사람의 말과 행동에 너그러워진다. 지금 내가 다른사람의 말에 쉽게 흔들린다면 그런 마음을 알아차리면서 호흡명상을 해 본다.

R씨는 직장에서 상사와 갈등이 있었다. R씨는 상사의 말투가 자기를 무시하는 듯하여 기분이 상했다고 했다. 그런데 최근 R씨가 오랜기간 바라고 있었던 아파트 분양에 당첨되었다. 그 후 직장에서 상사와 대화하며 든 감정에 대해 "그 사람의 말투에 대해 전혀 신경이거슬리지 않았다."라고 하였다. R씨는 자기의 마음에 여유가 있으니그런 일에 관심도 없어진 것 같다고 하였다.

R씨가 아파트에 당첨된 계기로 자존감이 높아졌기에 상사의 말이 신경 쓰이지 않게 된 것이다. 그간 R씨가 상사로부터 스트레스를 받은 것은 자신이 힘이 약하다고 느꼈기 때문이다.

스스로가 가진 것도 없고 부족하다고 생각하기에 다른 사람 앞에서 위축되고 예민해진다. 직장에서 열등감을 느낀 사람은 집에 와서도 가족에게 예민하게 굴고 화를 내기도 한다.

가족이나 다른 사람을 편안하게 대하기 위해서는 자기가 먼저 편안하고 만족할 수 있어야 한다. 내가 충만해야 가족이나 주변 사람에게 너그럽고 친절하게 대할 수 있다.

강물이 흐르듯, 구름이 흘러가듯 나의 감정은 쉬지 않고 흐른다. 긍정적 감정이든 부정적 감정이든 어떤 감정도 잠시 왔다가 사라진다.

나는 상담을 숲에서 진행하기도 한다. 어느 날 나는 내담자와 함께 강물이 흐르는 곳을 볼 수 있는 언덕으로 가 강을 바라보며 "지금 흐르는 저 강물과 같이 우리 마음도 왔다가 흘러가는 것이다. 단지 내가 할 수 있는 것은 그 강물을 편안한 마음으로 바라보는 것이다." 라고 내담자에게 말한 적이 있다. 강물이 우리 눈에 보였다가 사라지듯이 나의 감정 또한 일어났다가 사라진다.

일상에서 알아차림이 강해지면 마음이 편안해지고 일의 성과도 높아진다. 자기 마음을 떨쳐 놓고 바라보는 메타인지는 뇌의 기능을 안정화하면서 학습능력과 자기조절력을 향상시킨다.

지금 이 순간 일어나는 자기의 감정을 분명히 알아차린다. 이때 알아차리는 나, 주시하는 나는 누구인가를 살핀다. 집착과 욕심과 같은 인위를 버린 무위자연의 상태, 나라는 아상(我想)을 떠난 무아

(無我)의 상태, 참나를 의식한다. 마음챙김으로 구름과 같은 아상, 분별심을 하나씩 벗어버리면 알아차리는 나의 너머로 참나를 만난다. 마치 구름 위의 달을 보듯이.

숨, 나를 치유하다

II

자기사랑

3 / 무위자연의 자존감

▌ 자기 바로 보기

사람은 자기를 올바로 보기가 어렵다. 특히 정신 질환을 앓는 사람이나 중독문제가 있는 사람은 자기와 세상을 왜곡해서 본다. 피해망상장애가 있는 사람은 누군가가 자기를 해치려 한다고 생각한다. 알코올 중독자는 자신에게 술 문제가 없으며, 스스로 술을 조절할 수 있다고 생각한다.

망상장애 환자나 술에 취한 사람이 아니더라도 대부분의 사람은 자기를 있는 그대로 보지 못한다. 자기 기분과 자기를 동일시하거나, 다른 사람이 자기를 평가하는 대로 자기를 보거나, 잠시 맡은 지위나 역할을 자기와 동일시하기도 한다.

사람은 불안을 줄이고 자존감을 유지하기 위해서 비의식(무의식)적으로 다양한 방어기제를 사용한다. 억압, 합리화, 부정, 투사 등의 방어기제를 사용하면서 자기를 보호하려고 한다.

억압은 불안을 불러일으키는 내용을 비의식 속으로 눌러 놓는 것이다. 예로, 교통사고를 당한 사람이 사고 당시 상황을 떠올리는 것이 불안하기에 사건을 잘 기억하지 못하는 경우가 있다.

합리화는 그럴듯한 이유를 대는 것이다. 낮은 시험성적을 받은 학생이 이번 시험이 잘못 출제되었다고 말하는 것 등이다.

부정은 사실을 받아들이기 어려워 사실을 부인하는 것이다. 알코올 중독자가 자신은 술을 조절할 수 있다고 말하는 것 등이다.

투사는 나에게 있는 문제를 타인이 가지고 있다고 덮어씌우는 것이다. 대표적인 것으로 의처증이나 의부증을 들 수 있다. 이러한 방어기제는 비의식적 수준에서 일어나기에 자기 스스로는 지금 어떤 방어기제를 사용하는지 모른다.

사람들은 자기를 객관화해서 보기가 어렵다. 사람들 대부분은 자신이 생각하는 것이 사실이고 옳다고 믿으며, 다른 사람도 그렇게 생각하기를 바란다.

누구나 자기 생각의 틀로서, 자기만의 안경으로 세상을 바라본다. 어떤 사람은 돈으로 또 어떤 사람은 인기로 자기의 가치를 평가하기도 한다.

시간을 내어서 어린 시절부터 지금까지 자신이 어떻게 살아왔는지를 정리해 보면 자기를 좀 더 객관적으로 볼 수 있다. 종이에 연도별로 중요한 일을 적는다. 자신이 언제 행복했으며, 언제 힘들었는지를 알아본다. 생애주기별로 그때 일어난 감정과 생각을 정리해 본다. 그리고 힘든 시기에 내가 어떻게 이겨냈는지, 고통을 통해 내가 배울 수 있었던 것은 무엇이었는지를 생각해 본다. 사람들과의 관계에서 주로 어떤 일로 상처를 받았는지 알아본다. 삶의 의미나 중요한 가치관이 무엇인지도 알아본다.

비의식(무의식)은 지금 내 마음에 있으나 내가 자각하지 못하는 나의 마음이다. 프로이트는 비의식이 과거의 경험, 주로 어린 시절의 경험과 관련된다고 말했다. 하지만 개인의 과거 경험뿐만 아니라 현재 자신이 가진 갈망이나 신념, 미래의 꿈 등도 비의식적 수준에

존재하면서 지금 자신의 생각과 행동에 영향을 미친다. 알코올 중독자가 술을 마시고 싶은 갈망으로 자신의 사고를 왜곡시키면서 계속음주하는 것과 같다.

비의식은 정서가 강하면서도 보이지 않기에 강력한 힘을 발휘한다. 마음챙김으로 이런 비의식을 자각하면 강한 정서가 일어나더라도 잘 조절할 수 있다. 아무리 큰 돌이 굴러오더라도 알아차리면 잘 피할 수 있는 것과 같다. 꾸준한 마음챙김으로 자신의 비의식을 볼 수 있으면 현실에 맞게 행동할 수 있다.

자기의 희망이나 꿈을 비의식 상태로 넣어 두면서 목표를 이루는 수단으로 사용할 수도 있다. 나는 오랜 기간 중독자들을 만나면서 갈망의 대상을 긍정적인 것으로 바꾸면 이들이 자신과 사회에 유익한 일을 할 수 있겠다고 생각했다. 자기의 희망과 꿈이 비의식 상태에까지 이르도록 믿고 반복하면 자기 꿈을 이루는 데 도움이 된다.

자기를 깊이 이해하기 위해서는 비의식 속에서 자기를 움직이는 핵심감정을 찾아본다. 핵심감정은 정도의 차이가 있으나 누구나 다 가지고 있다. 자기의 핵심감정을 알아차리고 벗어나면 마음이 자유롭다.

핵심감정은 일상에서 자주 반복되어 나타나지만 정신역동적 상담을 받거나 명상을 하지 않으면 알아차리기가 힘들다.

D씨는 직장이나 사회에서 자주 분노가 일어났다. 특히 힘을 가진 사람이 정의롭지 못한 행동을 한다고 생각되면 분노가 일어나 다투기도 하였다. D씨는 상담과 마음챙김을 통해 어릴 때 부모와의 관계에서 표현하지 못한 분노가 다른 사람에게 반복되고 있음을 자각하면서 분노가 조절되기 시작했다.

E씨는 무엇이든 열심히 하는 사람이다. 회사에서 많은 업적을 이루었음에도 계속하여 몸을 아끼지 않고 열심히 일했다. 하지만 E씨는 마음이 편안하지 못했다. 삼형제 중 둘째 아들인 E씨는 자신이 다른 형제들보다 공부도 열심히 하여 남들이 부러워하는 좋은 직장에 다니고 있었으나 건강이 악화될 정도로 일하고 있었다. E씨는 마음챙김을 하면서 지금까지 자신이 '아버지의 인정을 받고자 지나치게 열심히 살아왔구나!' 하는 것을 깨달으면서 좀 더 편안한 마음으로 일할 수 있었다.

핵심감정은 현실을 왜곡해서 보도록 하고 대인관계를 불편하게 한다. 핵심감정이 일어나면 호흡이 불편하고 몸이 긴장된다.

마음챙김으로 자기의 감정을 분명하게 주시하면 감정이 택시에 타는 손님처럼 왔다가 사라짐을 안다.

핵심감정 또한 오래전부터 자주 방문하는 손님이다. 핵심감정이 일어나면 '손님이 왔네!' 하고 알아차린다. 의존심, 경쟁심, 사랑받고 싶은 마음 등이 일어나면 '손님이 왔구나!' 하고 알아차린다.

자신이 어떤 감정을 자주 반복하여 느끼는지, 다른 사람에게 주로 어떤 욕구를 가지는지를 분명히 알아차리면 그런 감정에 휘둘리지 않는다. 자기의 핵심감정을 분명하게 보면 핵심감정이 주인 노릇을 하지 못한다.

프로이트는 꿈을 비의식에 이르는 왕도라 했다. 꿈은 우리의 진정한 바람이나 감정을 알려 준다. 사람이 잠을 잘 때는 자아의 기능이 약화되기에 자신의 비의식적 내용이 잘 드러난다. 다른 사람에 대한 성적 욕구나 공격적 욕구가 직접적으로 혹은 변형되어 꿈으로 나타난다. 꿈을 꾼 후 '나의 마음에 이런 것도 있었구나!' 하고 알아차린다. 꿈을 통해 알게 된 자신의 분노, 욕망, 갈등을 그대로 받아들인다.

꿈은 자기 인생을 안내해 주는 안내자의 역할도 한다. 꿈에서는 비의식적 내용도 드러나지만, 내 안의 스승이 알려 주는 지혜도 있다. 잘 이해하지 못한 문제가 꿈속에서 해결되기도 한다.

혼자 있거나 다른 사람과 있을 때, 꿈을 꿀 때도 매 순간 일어나는 감정을 분명히 알아차리고 받아들인다. 있는 그대로의 자기를 받아들일 때 진정으로 자기 숨을 쉬는 것이다.

사람은 혼자 있을 때의 자기 모습과 다른 사람을 만날 때의 모습이 다를 수 있다. 혼자 있을 때의 자기 모습과, 다른 사람과 어울릴 때의 자기 모습이 다르더라도 그 모두가 자기 모습이다. 혼자 있을 때 자기의 생각과 감정, 행동을 분명히 알아차리면 사람들을 만날 때도 마음챙김이 잘 된다.

높은 산이 흘러가는 구름을 바라보듯이 비의식과 핵심감정을 바라본다.

▍자기 몸 관리하기

자기 몸을 잘 관리하여 건강과 장수를 누리는 것은 자기에 대한 책임이고 부모에 대한 효도이며 신의 뜻을 따르는 것이다. 몸이 건강해야 마음이 편안하고 자기 일을 잘하게 된다. 내가 건강하지 않다면 주어진 역할을 올바로 하기가 힘들고 주변 사람을 도와주기도 어렵다. 내 몸의 상태가 어떤지를 자주 살펴보고 건강을 잘 관리해야 한다.

> T씨는 최근 과로로 건강이 나빠졌다. 몸이 아팠지만 중요한 면담이 약속되어 있어 출근하였다. T씨는 면담 중 대화에 집중하지 못하고 자신이 상대의 말에 예민하게 반응하는 것을 알아차렸다. 다행히 마음챙김을 하여 면담은 무사히 잘 마칠 수 있었다. T씨는 직장 상사에게 이러한 사정을 이야기하고 병가를 냈다. 그리고 병원에서 진료를 본 후 휴식을 취하였다. 건강을 회복한 K씨는 앞으로 건강관리를 잘해야겠다고 다짐하였다.

만약 지금 건강이 좋지 않다면 건강을 우선으로 해야 한다. 건강을 뒤로 미루다가 후회하는 사람이 많다. 내 주변에는 열심히 일하고 많은 성과를 내었던 사람이 갑자기 사망하거나 혹은 몸이 아파서 일을 그만두는 사례를 종종 본다. 사람들은 일이 바빠서, 시간이 없어서 운동하기 어렵다고 말한다. 일을 열심히 하는 것도 궁극적으로 내가 행복하기 위해서가 아닌가? 진정으로 행복을 원한다면 건강관리가 우선이다.

S씨는 지치고 피곤한 몸을 이끌면서 업무를 처리하고 있었다. 그러면서 지금 일을 더 해야 하는지, 잠시 쉬어야 하는지 갈등하고 있었다. 이때 나는 S씨에게 친한 친구가 지금의 S씨와 똑같은 입장이라면 무슨 말을 해 줄 것인가 물어보았다. 그러자 S씨는 친구에게 "지금 쉬면서 건강을 챙겨라."라고 말해 주고 싶다고 하였다. 나는 S씨에게 자신에게도 그렇게 하라고 말해 주었다.

건강을 위해서는 자기감정을 잘 살펴야 한다. 분노와 걱정, 불안이 일어날 때 알아차린다. 그리고 믿을 수 있는 누군가에게 빨리 표현해 본다. 분노와 걱정 등의 부정적 감정은 면역력을 떨어뜨리고 질병으로부터 회복을 어렵게 한다. 스트레스와 분노를 잘 다루어야 건강을 유지하게 된다.

잠이 오지 않을 때는 잠이 들 때까지 호흡 마음챙김이나 몸 마음챙김을 해 본다. 그래도 잠이 오지 않으면 침대에서 일어나 다른 활동을 한다. 잠이 오지 않을 때, 반드시 잠을 자야 한다고 생각하기보다 '지금 이 시간도 나에게는 귀중한 시간이다'라고 생각하면서 그 시간을 잘 활용해 본다.

마음챙김을 하면 처한 상황에 따라 자기를 잘 다스릴 수 있어 건강이 좋아진다.

자기 에너지 잘 관리하기

나의 몸과 마음의 상태가 어떤지를 알아차리고 잘 관리해야 한다. 열정을 가지고 일에 집중하는 것도 좋지만 적절히 쉬어 가면서 일해야 일의 성과가 높다.

자기 몸과 마음의 상태를 자주 주시하면서 생명의 에너지를 잘 배분해야 한다. 지금까지 자동적으로 해 오던 일 중에서 중요하지 않거나 불필요한 일을 줄이고, 중요한 일에 집중하여 남는 시간을 충분히 휴식하는 데 사용한다.

일을 하다가 피로감이 오면 잠시 쉰다. 일에 대한 나의 욕심을 알아차리고 조절한다.

과유불급(過猶不及)이란 말이 있다. 나의 몸 상태를 살피며 일하다 보면, 체력의 70% 정도를 사용했을 때부터 몸이 서서히 보내는 피로감의 신호를 느낄 수 있다. 그때 잠시 멈추고 휴식을 취한다. 피로감이 일어나기 전에 멈추고 쉴 수 있어야 효율적으로 일할 수 있다. 항상 자기 몸의 에너지 중 30% 정도를 남겨 두어야 한다. 생명의 에너지이며, 면역력이라 할 수 있는 정기(正氣)를 항상 보유하고 있어야 질병으로부터 자기를 지키고 건강을 유지할 수 있다.

음식을 먹을 때도 배부를 때까지 먹기보다는 배부름이 70% 정도가 될 때까지만 먹는다. 포만감이 일어나기 전에 음식 먹기를 멈출 수 있어야 나중에도 좋은 음식을 맛있게 먹을 수 있다.

모든 것은 순환하기에 100%가 되면 그때부터는 결국 반대로 부정적 현상이 나타난다. 오르막이 끝나면 내리막이 나타나듯이 어느 정도에서 만족하고 멈추지 않으면 건강이 나빠진다.

운전할 때 피곤하면 중간중간 쉬어 가야 안전하게 운행할 수 있듯이 내 몸의 상태를 분명하게 알아차리고 쉬어가면서 일해야 건강하게 오래 일할 수 있다.

욕심대로 무리하게 일을 하면 단기간에는 성공할 수 있지만 장기적인 관점이나 가족을 생각하면 손해가 된다. 건강도 나빠지고 가족이나 주변 사람과의 관계도 불편해진다. 적당히 휴식하면서 자신의 건강을 보살피고, 가족을 챙겨 가면서 일하면 일을 더 잘할 수 있고 삶의 질도 나아진다.

중요한 일에 집중하기 위해서는 적절한 때 쉬며 에너지를 충전한다. 창의적 아이디어는 오히려 쉬어 갈 때 많이 떠오른다. 쉬는 것은 장기적으로 보아 일을 더 잘하기 위한 발판이 된다.

동양화의 여백처럼 시간의 일부분을 비워 두면 주변 사람의 마음도 편안하다. 공간뿐만 아니라 시간의 여백도 우리를 아름답게 한다. 휴식하는 시간, 여백의 시간은 내 삶을 아름답게 만든다. 일하고 휴식하고, 휴식하고 일한다. 쉬면서 에너지를 충전하면 보다 창의적으로 일할 수 있다.

사진설명   김홍도의 「묵죽도」

3. 무위자연의 자존감

무위자연의 자존감

무위자연은 있는 그대로의 자연의 순리를 말한다. 무위자연의 자존감은 지금 이대로의 나, 자연으로서의 나의 귀중함을 알고 존중하는 것이다(박상규, 2021). 무위자연의 자존감은 본성, 참나를 의식하여 자기의 귀중함을 아는 것이다.

소위 사람들이 말하는 에고적 자존감은 상대적이며 조건에 따라 달라진다. 에고적 자존감은 내가 무엇을 이루었거나 다른 사람에게 인정받을 때 높아진다. 비싼 차를 구입하여 자존감이 높아진 사람은 자기보다 더 비싼 차를 타고 다니는 친구를 보면 자존감이 낮아진다.

에고적 자존감은 계속 변화하며 충족될 수 없다는 특성이 있다. 내가 부자이기에, 권력자이기에, 인기가 많기에 나를 존중한다. 외부 조건과 내 마음은 항상 변하기에 충족될 수 없다. 하지만 무위자연의 자존감은 조건에 따라 변하지 않는 충만감을 가진다. 참나는 알아차리는 나의 너머에 있는 본성, 무위자연이기 때문이다. 참나는 '내가 자존감이 상하구나'하고 알아차리는 나의 너머에서 모든 것을 바라본다.

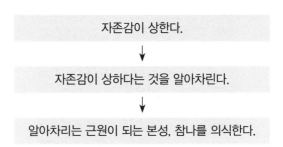

자존감이 상한다.

↓

자존감이 상하다는 것을 알아차린다.

↓

알아차리는 근원이 되는 본성, 참나를 의식한다.

참나를 의식하면 어린아이의 호흡처럼 깊고 긴 호흡을 하게 된다. 내가 지금까지 가난과 아픔 속에서 살아왔더라도 지금 참나를 의식할 수 있으면 성공한 인생이다.

마음챙김은 참나, 본성에서 일어나는 심리적 작용이다. 마음챙김을 하는 나는 누구인가? 생각해 본다. 마음챙김 하는 나를 알아차리는 너머에 참나가 있다. 마치 태양에서 빛이 나와 사물을 비추듯 참나, 본성에서 마음챙김이라는 심리적 기제가 작용하여 순간순간 변하는 나의 생각과 감정, 느낌, 갈망 등을 주시한다. 참나는 시간에 따라 변하지 않으며 달라지지 않는다. 참나의 존재가 항상 나의 몸과 마음을 주시하고 보살핀다고 믿을 때 평온한 마음으로 현실에 잘 적응하게 된다.

3. 무위자연의 자존감

자기 마음 알아차리고 선택하기

사람은 무엇을 선택할 때 불안하다. 선택을 잘하기 위해서는 자기 자신을 정직하게 볼 수 있어야 한다. 자기가 어떤 의도로 선택하는지, 자기의 가치관과 맞는지 알아보고 선택한다.

지금 자기의 선택이 정말 자신에게 이익이 되는지 고민해 본다. 선택을 앞두고 호흡이 불편한지, 편한지 살펴본다. 지금 호흡이 불편하다면 선택한 것을 다시 한번 고려해 본다.

누구를 만날 것인지, 무엇을 선물할 것인지와 같은 사소한 선택은 호흡이 편한 쪽을 따라간다. 내 안의 참나가 따르는 대로 하면 호흡이 편하다.

선택할 때는 자기에게 가장 이익이 되는 일을 선택해야 하지만 때로는 대안 중에 손해가 적은 쪽을 선택한다. 내가 선택한 길의 끝에서 어떤 일이 일어날 것인가를 상상해 보고 선택하면 손해가 줄어든다.

선택이 어려울 때는 우선 마음을 편안하게 한다. 산책이나 명상이 올바른 선택을 하는 데 도움이 된다.

G씨는 직장에서 일하던 중 도박 빚을 갚기 위해 한 번만 더 도박을 해야겠다는 마음이 일어났다. 이때 잠시 호흡명상을 했고, 그 후에 도박을 계속하면 나중에 어떻게 될 것인가를 상상해 보았다. 도박으로 남은 돈을 다 잃고 후회하면서 우울에 빠진 자기 모습이 그려졌다. G씨는 도박 빚을 갚기 위해 도박할 생각을 한 것이 잘못된 것임을 자각하고, 지금 여기 회사에서 자기가 해야 할 일에 집중하는 것이 옳은 일임을 깨달았다.

직업이나 직장을 선택할 때도 자기의 마음이 편안하고 자기 재능을 잘 발휘할 수 있는 곳을 선택한다. 호흡이 편한 곳이 나에게 잘 맞는 직장이다.

무엇을 선택할 때 일어나는 자기의 호흡과 마음을 분명히 살필 수 있으면 현실에 맞는 선택을 하게 된다.

▌문제 다루기

삶은 문제를 해결해 가는 과정이다. 마음챙김이 되면 마음이 안정되고 맑아져서 현실을 잘 보게 된다.

H씨는 회사에서 직장 동료가 자신을 만만하게 보고 무리한 부탁을 하여 화가 났었다. H씨는 자신이 다른 사람과 싸우는 것을 피하고 친절한 사람으로 보이기 위해서 참고 지내었다. 하지만 직장 동료는 이러한 H씨에게 지속적으로 무시하는 말과 행동을 하였다. H씨는 다른 사람으로부터 인정받고자 하는 자기의 욕구를 알아차리면서 진정으로 자기를 존중하면서 살아야겠다고 생각했다.

문제가 있을 때 상황을 있는 그대로 받아들인다. 그다음에 문제를 올바로 규명하고 다양한 해결방안을 고려해 본다. 해결방안들 가운데서 가장 현실적이고 효과가 있을 수 있는 대안을 선택하고 실행해 본다.

문제가 있을 때마다 술을 마시거나 하여 현실을 회피하거나 나른 사람에게 의존하는 것은 결국 문제를 더 키우고, 자신이 가진 능력을 점차 상실하게 한다.

지금은 감당하기 힘들다고 생각하면 '내가 그렇게 생각한다'는 것을 알아차린다. 그리고서 자신감을 가지고 지금 자신이 할 수 있는 일부터 하나씩 해결해 나간다.

문제가 있음을 알아차린다.

↓

척추를 똑바로 세우고 호흡명상을 한다. 마음이 편해지면 문제가 무엇인지를 명백하게 알아차린다.

↓

문제를 해결할 수 있는 여러 대안을 생각해 본다.

↓

가장 현실적이고 효과적인 해결대안을 선택하여 실천한다.

↓

만약 해결되지 않으면 문제를 다시 이해하는 것부터 시작한다.

산책하거나 호흡 마음챙김을 하면 마음이 유연해져서 좀 더 다양한 관점으로 문제를 볼 수 있고 이를 해결하기 위해 더 나은 방법, 새로운 방법을 찾을 수 있다.

해결하기 어렵다는 생각이 들면 관점을 바꾸어 본다. 문제를 바라보는 위치를 바꾸는 것만으로도 새로운 길을 찾을 수 있다. 나는 어느 날 등산을 하면서 가파른 산을 보고 '올라가기가 힘들겠다'라고 생각하였다. 하지만 잠시 휴식을 취한 다음, 산의 옆쪽으로 가 보니 정상으로 가는 다른 길을 찾을 수 있었다.

지금 이 자리에서는 문제가 어려워 보일 수 있다. 하지만 관점을 바꾸거나 시간이 흐른 뒤에 생각하면 해결할 수 있는 다른 길이 보인다.

깊고 길게 숨을 내쉰 다음, 생각을 다르게 해 보자. 보는 위치에 따라서 문제가 다르게 보이기에 해결책을 찾을 수 있다.

일은 많고 시간은 부족하다고 생각하면 마음이 불안하다. 이때 시간에 쫓겨 초조하고 불안한 자기 마음을 알아차린다. 1분이라도 척추를 똑바로 세운 다음에 호흡명상을 한다. 지금 내가 할 수 있는 일 중에서 가장 시급하고 중요한 일이 무엇인지 추려 본다. 그 후에 나머지 일을 중요도 순으로 정리하여 우선순위를 정한다. 초조하고 불안한 마음을 알아차리는 것만으로도 마음이 안정되어 우선순위를 정하기가 쉽다. 나의 욕심과 집착, 불안을 알아차리면 우선 내가 해야 할 일, 할 수 있는 일에 집중할 수 있다.

'바쁠수록 돌아가라'라는 말이 있다. 무엇을 빨리 해결하고자 하는 초조함과 불안은 문제를 제대로 파악하지 못하게 한다. 마음이 안정되면 해결할 수 있는 길이 더 잘 보인다.

문제를 분명하게 이해하더라도 지금 내가 해결할 수 없는 일들이 있다. 이럴 때는 그대로 받아들이는 연습을 한다. 받아들이기 어려우면 그런 마음도 그대로 알아차린다.

주여, 바꿀 수 없는 것을 받아들이는 평온함과
바꿀 수 있는 것을 변화시킬 수 있는 용기를 주시고,
이 둘의 차이를 알 수 있는 지혜를 주시옵소서
-라인홀트 니부어의 기도문에서-

편안한 마음으로 받아들이면 치유가 일어난다. 참나는 문제를 해결하고 받아들이는 것을 따스하게 바라본다.

찻잔이 깨지면 다른 찻잔으로 차를 마신다

이 세상에 완벽한 사람은 없다. 누구나 실패하고 실수하면서 살아간다. 그런데 실패와 실수로 고통받는 자기를 비난하는 사람이 많다. 실수로 찻잔을 깨뜨렸다면 다른 찻잔으로 차를 마신다. 찻잔은 이미 깨졌다. 깨진 찻잔을 애석해하고 후회하면서 자기를 고통스럽게 하기보다는 상황을 그대로 받아들이고 자기를 위로하면서 남은 차는 다른 찻잔으로 마신다.

이미 고통받고 있는 자기를 더 괴롭히는 사람이 많다. 더는 어찌할 수 없는 지난 일을 책망하면서 그렇지 않아도 힘든 자기를 더 괴롭힌다. 그래서 몸은 병들고, 마음은 우울하고 불안하며, 자신에게 화가 난다.

부처님께서는 사람이 질병, 실패, 실수 등으로 고통받는 것을 첫 번째 화살이라 하였고, 고통받는 자신을 괴롭히는 것을 두 번째 화살이라고 말씀하셨다. 사람들이 첫 번째 화살을 맞고 죽기보다는 두 번째 화살을 맞고 죽는다고 하였다.

내가 시험에 떨어졌다는 통보를 받고 실망스러워하는 것은 첫 번째 화살이다. 두 번째 화살은 고통받는 자신을 '바보 같다'면서 비난하고 자기를 괴롭히는 것이다.

실패했을 때는 고통받는 자기를 보살펴 준다. "괜찮아" "걱정하지 마"라고 말해 준다. 부모가 사랑하는 자식에게 말해 주듯이 그렇게 다정하게 말하면서 보살펴 준다.

실수나 실패를 생각하면서 자기를 책망하면 무력감이 심해질 뿐 아니라 오히려 다음에 똑같은 실수를 반복할 가능성이 높아진다. 시험의 첫 시간에 실수한 학생이 자신의 잘못을 책망하고 우울해하다가 다음 시간의 시험도 실패하는 경우가 있다. 고통을 느낄 때는 빨리 알아차리고 자신을 따스하게 보살펴 간다. 한 번 시험에 실패했다면 숨을 깊고 길게 내쉬면서 '괜찮아' '다음에 잘하면 돼' 하고 자신을 보듬어 주고 격려한다.

고통이 찾아오면 택시에 탄 손님으로 고통을 맞이한다. 손님은 잠시 머무르다가 사라진다.

고통이 왔을 때 고통받는 자기를 잘 안아 주고 보살핀다.

지금 자신의 처지와 상황을 있는 그대로 받아들일 때 회복의 기적이 따라온다. 알코올 중독자가 자신이 고통을 피하기 위해 술을 마셨다는 것, 지금은 알코올에 중독되었다는 것을 인정하고 받아들일 때 회복이 시작되는 것과 같다.

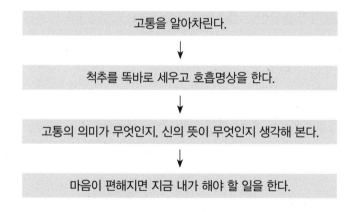

불운의 시기에서는 마음챙김이 더 필요하다. 마음챙김으로 고통을 떨쳐 놓고 봄으로써 한 단계 더 성장하게 된다.

불안하더라도 용기를 내어 지금 내가 가야 할 길을 묵묵히 걸어가
는 것이 인생이다.

어른이란 불안과 고통을 피하지 않고 받아들이면서 지금 자기가
해야 할 일을 하는 사람이다. 받아들인다는 것은 나의 마음과 현실
을 있는 그대로 보는 것이다. 그럴 때 문제가 해결될 수 있다.

인간은 완벽하지 않은 존재이기에 살면서 실수와 잘못을 저지를
수밖에 없다. 그때마다 고통 속에 나를 가두기보다 실수와 잘못에서
배우고 앞으로 나아가면 된다.

나의 잘못이 아니더라도 다른 사람에 의해서 억울하게 피해를 당
할 수도 있다. 이때도 자기의 감정을 분명히 알아차리고 받아들인
다. 그리고 '힘들었구나' '괜찮다' 격려하면서 자신을 위로한다. 받아
들이면 지금의 고통은 나를 한 단계 발전시키는 계기가 된다. 껍질
을 깨는 아픔이 있어야 자유롭게 날 수 있다.

지금 이 고통의 의미를 생각해 본다. 의미를 묻고 생각하면 고통
을 통해 더 성장한 나를 만날 수 있다.

내가 있는 그대로의 나를 받아들이고 존중할 때 실패와 고난은 나
를 더욱 강하게 하는 약이 되어 있었다.

사는 것이 힘에 부치더라도 자주 자기의 호흡 상태를 알아차리고
기다리면 언젠가는 좋은 날이 온다. 때로는 폭풍이 휘몰아치는 날씨
가 더 오래 갈 수도 있다. 그러나 날씨는 항상 변한다. 언젠가는 폭
풍이 그치고 눈부신 햇살이 비칠 것이다. 어두운 밤이 길게 느껴져

도 결국 새벽은 오기 마련이다.

상황이 힘든 만큼 자신을 더 잘 보살피고 격려하면서 목표를 향해 걸어간다. 넘어지더라도 그때마다 일어서서 앞으로 나가면 된다.

Y씨는 최근에 건강이 나빠져 큰 수술을 받았다. Y씨는 이 일로 자기의 건강을 잘 보살펴야 한다는 것을 느끼게 되었다. 지금까지 직장과 가족을 위해 열심히 살아 왔지만 이제부터는 자신의 귀중함을 유념하면서 자기를 잘 보살펴야겠다고 생각했다.

아무리 고통스럽더라도 이미 벌어진 일은 어쩔 수가 없다. 내가 할 수 있는 일은 고통을 통해 배우면서 고통받는 나를 보살피고 사랑해 주는 것이다.

D씨는 믿었던 지인에게 사기를 당하여 지인을 원망하고 낙담하면서 힘들게 살고 있었다. D씨는 자기의 어리석음을 비난하는 것으로 자기를 괴롭히며 무력감에 빠져 있었다. 나는 D씨에게 지금 택시에 '고통이라는 손님'이 왔다는 것을 알아차리도록 하였다. 그리고 호흡명상을 가르쳤다. 자기를 비난하는 대신에 이제부터라도 자신을 잘 보살피도록 권유했다. D씨는 "이미 엎질러진 물이다." "좋은 경험을 했다." "괜찮다. 이만하길 다행이다."라고 말하면서 자기를 위로하였다.

힘들 때 알아차리면서 고통받는 자기를 보살핀다. '그래서 내가 그랬구나!' 하면서 자기를 따스하게 안아 준다. 이때 자비명상이 도움이 된다. "내가 건강하기를" "내가 편안하기를" "내가 고통에서 벗어나기를" "내가 행복하기를"이라고 말한다.

3. 무위자연의 자존감

부모가 사랑하는 자식이 고통받을 때 그 자식을 품에 안고 말하듯이 그렇게 말해 준다. 자신이 바로 앞에 앉아 있다고 상상하면서 진정한 마음으로 자기에게 말한다. 속으로 말하기보다는 크게 소리 내어 말하는 것이 좋다. "힘들었구나!" "잘했어." "괜찮아!" "사랑한다."라고 따스하게 말해 본다.

자비명상은 자기자비명상과 타인자비명상이 있다. 일반적으로 자비명상은 자기자비명상을 먼저 하고 그다음에 타인자비명상을 한다. 하지만 상황에 따라 융통성 있게 적용할 수 있다. 자기자비명상은 자신에게 따스한 마음을 보내 주는 것이다. 타인자비명상은 자기가 존중하고 사랑하는 사람이 앞에 있다고 상상하면서 자비명상을 한다. 타인자비명상은 중립적인 사람, 자기에게 상처를 준 사람에게까지 범위를 넓혀 실시할 수 있다. 자비명상은 공감에 관여한다고 알려진 대뇌의 전전두엽 영역을 활성화시키면서 타인을 잘 공감하게 한다(Fox, 2016).

힘들 때 자기의 감정을 알아차리면서 자기를 따스하게 받아 주고 보살펴 준다. 나를 사랑하는 사람이 나에게 하듯이 그렇게 스스로에게 말해 준다.

힘들었구나! 괜찮아. 잘하고 있어. 걱정하지 마.

지금 일어나는 고통을 알아차린다.

↓

척추를 똑바로 펴고 앉아서 호흡명상을 한다.

↓

어머니가 사랑스러운 자식에게 말하듯 자신에게 말해 준다.
"힘들었구나!" "괜찮아!" "사랑한다."라고 말해 준다.

▌과거는 받아들이고 배운다

나는 지금 내 몸이 있는 이곳에서 무엇인가를 할 수 있다. 과거의 실패나 실수에 집착하면 지금 여기서 내가 해야 할 일을 하지 못하며, 그것이 더 큰 실수가 된다. 과거를 후회하면서 보내기보다는 지금 이 시간에 내가 해야 할 중요한 일에 집중한다. 과거의 일이 계속 떠오른다면 이를 알아차리고 자신을 따스하게 보살펴 준다. '그 당시의 나로서는 그럴 수밖에 없었다.' '힘들었구나!' '나의 지혜와 운이 그 정도였다.' '괜찮다.' 하고 나를 위로해 준다.

만약 마음의 상처가 크다면 치유할 방법을 찾는다. 치유는 감정을 무시하는 것이 아니라 그 감정을 회피하지 않고 분명히 바라보는 것이다. 그 과정을 상담자와 안전한 주변 사람과 함께할 수 있다면 도움이 되고 빨리 치유된다.

상담을 받기 어려운 상황이라면 글을 써서 자기의 감정을 표현할 수 있다. 자기의 감정을 인정하고 표현하는 것만으로도 마음이 편안해진다.

아쉽지만 지난 과거는 되돌릴 수 없다. '제대로 공부했다' 생각하면서 지금 여기에서 자기가 해야 할 일을 한다.

과거의 실수와 실패로 이미 많은 고통을 받았기에 이제는 자기 마음을 조금이라도 편안하게 해 준다. 그래야 미래를 잘 살아갈 수 있다.

과거에 대한 후회가 계속 떠오를 때는 택시에 '손님이 왔다'고 알아차린다. 그런 다음 잠시 호흡명상을 하고 지금 해야 할 중요한 일에 집중한다.

인간은 완벽하지 않기에 살아가면서 실수하거나 실패할 수 있다. 사업에서 성공하고도 가정은 화목하지 않을 수도 있고, 학문적 업적을 이루었어도 가난하게 살아갈 수 있다. 내가 어떤 일에서는 실패했어도 다른 일에서는 성공한 경험이 있을 것이다. 실패와 성공 모두를 나의 삶의 과정으로 받아들이면서 앞으로 나아간다.

실패했을 때 실패와 자기를 동일시하지 않고 그냥 그대로 편안하게 주시한다.

자기를 꽃피우기

자기답게 피는 꽃이 아름답다. 자기를 존중해야 자기답게 꽃피울 수 있다. 어떤 조건이나 대상이 바뀌어야 자기를 존중하는 것이 아니라 지금 이대로의 자기를 받아들이고 존중한다. 그렇게 해야 현실에 맞게 자기를 잘 다룰 수 있고 다른 사람을 배려할 수 있다.

자기답게 꽃피운 사람을 만나면서 사람들은 힘과 용기를 얻는다. 길가에 핀 야생화를 보면서도 삶에 희망을 가질 수 있듯이 힘든 가운데도 자기를 실현한 사람을 보면서 '나도 해 보자' 하는 자신감을 가진다. 어떤 사람이 힘든 산을 잘 오르는 것을 보면 자신도 용기가 일어난다. AA 자조모임에서 회복한 중독자를 만나면서 많은 사람이 회복에 대한 희망과 용기를 가진다. 자기답게 꽃피우는 사람이 많은 사회가 희망찬 사회이며, 아름다운 사회이다. 만약 내가 힘들더라도 포기하지 않고 나답게 꽃을 피운다면 나로 인하여 가족이나 많은 사람이 희망과 용기를 가지게 되지 않을까?

다른 사람과 비교하기보다 어제의 나와 비교하여 조금이라도 현명해지면 된다. 자기를 존중하면서 자기답게 살아가는 이에게는 편안함과 따스함이 느껴진다.

어릴 때 좋은 딸이나 아들로서, 좋은 학생으로서 살아왔다면 지금부터는 자기를 바로 보고 자기를 위해 살아간다. 진정으로 자기를 실현하고 행복할 수 있는 일을 해 본다. 그러면 주변 사람도 행복해진다.

이 시대는 모든 것을 잘하는 사람보다는 한 가지를 뛰어나게 잘하는 사람을 필요로 한다. 나는 강의에서, 학생들에게 자기가 잘하는 한 가지 분야에 집중하여 공부하는 것이 내담자를 더 잘 도울 수 있고 일의 성과도 높다고 말한다. 내가 중독문제로 힘들어하는 가족을 보면서 중독자와 그 가족을 도와야겠다는 마음을 가진 지 벌써 30년이 넘었다. 나는 연구와 상담을 주로 중독자의 회복에 초점을 맞추어 집중하였는데 어느덧 시간이 흘러 중독전문가로서 알려지게 되었다. 누구든지 지금 중요한 한 가지 일에 집중하여 노력하면 언젠가는 아름다운 꽃향기를 맡을 수 있다.

무엇을 선택할 때는 전문가의 의견도 참고하지만 최종적으로 자기 내면에 살아 있는 스승의 말을 듣는다. 시간이 걸릴 수 있으나 내면의 지혜를 따른다. 세상의 인기나 금전적인 이익보다는 자기 본성에 따라 행동하면 진정한 이익을 얻는다. 명상이나 산책을 하면서 내면의 참나와 자주 대화한다.

자기암시는 원하는 것을 얻는 데 도움이 된다. 자기암시는 자기 스스로에게 말하는 것으로 비의식을 활용하는 것이다. 내가 몸이 아플 때 몸이 점점 건강해지는 것을 상상하면 점차 몸이 좋아진다. 프랑스 의사 쿠페는 암시를 통하여 많은 환자를 치유하였다. 비의식을 활용하는 방법이기에 잠이 들기 전에 암시를 활용하는 것이 효과가 높다. 예를 들어, 자기가 바라는 것이 이루어진 것을 상상하면서 잠드는 것도 한 방법이다. 단지 바란다고 이루어지는 것은 아니다. 내가 바라는 것들을 이룰 수 있는 행동도 같이 해야 한다.

자기를 존중하면서 자기답게 살아가면 삶은 아름답고 호흡은 편안하다. 장미도 아름답고 국화도 아름답지만 자기를 잘 꽃피워서 남을 돕는 사람이 더 아름답다. 자기답게 꽃피우고 살아가는 사람이 많은 사회가 아름답고 조화로운 사회이다.

내 안의 아이를 손님으로 보기

혹시 내면의 아이를 만나 본 적이 있는가?

내 마음 안에 있는 아이를 만나면 손님으로 보고 따스하게 맞이한다. 내 안에서 사랑받고 싶어 하고, 불안해하는 아이를 손님처럼 편안하게 대한다. 손님이 찾아오면 "안녕!" "오랜만이다." 하면서 친절하게 대한다.

내면의 아이는 우리가 힘들 때, 스트레스를 받을 때 더 자주 찾아온다. 어린 시절에 겪었던, 해결되지 않았던 나의 모습이 지금 여기에 나타나면 손님으로 알아차리고 따스하게 맞이한다.

내면의 아이를 손님으로 보지 않으면 아이 마음대로 행동하도록하여 자신을 불행하게 할 수 있다. 내가 나를 인정하면 되는데, 어린시절에 받지 못했던 인정을 다른 사람에게 받으려 행동하게 된다.

내가 나를 잘 이해하고 사랑할수록 내면의 아이도 함께 성장한다. 내가 힘들 때는 불안하고 고통스러워하는 아이가, 내가 편안하면 긍정적인 아이가 나타난다. 내가 성장하면 내면의 아이도 함께 성장한다.

어른으로 살기 위해서는 지금 여기에 깨어 있으면서 내면의 아이가 나타날 때 분명히 알아차리고 보살핀다. 내가 만나고 싶었던 어른의 역할을 현재의 내가 내면의 아이에게 해 줄 수 있다. 지혜와 사랑을 가진 훌륭한 어른으로서 지금 그 아이를 따스하게 대한다.

▌성숙과 늙음

지금 여기에 깨어 있으면 젊음이 더 오래 유지된다. 마음챙김 하면서 자기를 성찰하면 나이와 상관없이 계속 성장한다.

나이가 든다는 생각은 몸을 더 늙게 하고 기억과 같은 인지기능의 일부에도 영향을 미친다. 나이가 들어도 뇌는 계속 발달한다. 꾸준히 공부하면 신경가소성(neuro plasticity)에 의해 대뇌 기능이 보완되고, 신경망이 더 많이 연결되어 대뇌가 잘 기능할 수 있다. 오래된 자동차도 잘 살피고 약한 부분을 보완하면 더 오래 잘 사용할 수 있듯이 우리의 몸과 마음도 잘 관리하면 된다.

나이가 들면서 운동하지 않고 공부하지 않으면 이전에 가졌던 신체 기능이나 정신적 역량이 감소한다. 하지만 꾸준히 운동하고 공부하면 노화를 늦추면서 인격적으로 성장해 간다.

"공부하다 죽어라."라는 혜암스님의 말씀처럼 우리는 쉼 없이 공부해야 한다. 공부는 학문적인 공부에만 국한되는 것이 아니다. 자신을 돌아보고 성찰하며 명상하는 것이 더 큰 공부가 된다.

공부하면 나이가 들어도 마음은 젊어진다. 책을 읽고, 걸으면서 사색하고, 글을 쓰고 자신이 잘 아는 분야에서 다른 사람과 토의하면 뇌가 발달한다. 또 공부를 하여 통찰이 일어나면 세로토닌이 분비되면서 생동감을 가진다.

마음챙김은 기억력 유지에도 도움이 된다. 나이가 들면 기억력이 자연스럽게 감소하는데, 마음챙김을 하면 기억력 감소를 줄일 수 있다. 내가 무엇을 할 때나 기억해야 할 것을 알아차리고 행동하는 메타인지적 태세는 기억력을 향상시킨다.

나이가 들어도 마음챙김을 꾸준히 한다. 시간은 제한되어 있기에 하루하루 맑은 정신으로 살아간다. 젊은 시절에는 잘 살기 위한 공부가 필요하지만 나이 들어서는 잘 죽을 수 있는 공부도 필요하다. 꾸준하게 공부하면 죽음과 삶의 경계가 줄어든다.

오래된 배터리는 쉽게 방전될 수 있듯이 나이가 들수록 방전되지 않게 에너지를 더 자주 충전해야 한다. 술과 같은 인위적이고 일시적인 자극보다는 운동, 독서, 명상, 기도, 봉사 등으로 에너지를 충전하면서 노후를 즐겁게 보낸다. 나이가 들수록 숨을 깊고 길게 내쉬는 호흡을 하면 건강이 좋아지고 노후를 잘 보낼 수 있다(Magnon, Dutheil, & Vallet, 2021).

몸은 늙어 가지만 알아차리는 본성, 참나는 변하지 않는다. 지금의 내 몸과 어린 시절의 내 몸은 다르지만 주시하는 나는 그대로이다. 참나는 나이가 들지 않고 달라지지 않는다. 거울 속에 비치는 나의 몸은 늙어 가지만 거울은 그대로이다.

나이 들수록 참나가 몸과 마음, 호흡을 잘 보살피도록 맡겨 둔다.

꾸준하게 공부하고 마음챙김 하는 사람에게는 가을의 붉은 단풍잎처럼 생생한 아름다움이 있다.

4
생각 사용하기

▌생각 사용하기

생각은 컴퓨터프로그램과 같이 나의 목적을 위해 사용하는 하나의 도구이다. 목적에 맞게 프로그램을 사용하듯이, 행복하고 싶으면 나의 행복에 도움이 되는 생각을 한다. 내가 길을 찾을 때 사용하는 스마트폰처럼 생각은 나의 목적을 위해 사용하는 도구이다. 생각은 내가 필요할 때 잠시 사용하는 프로그램과 같은 것이다. 생각하는 주체인 나와 생각이라는 도구를 분명하게 구분할 수 있어야 한다.

자동차를 운전할 때 지금 목적지로 잘 가고 있는지 확인하듯, 지금 내가 하는 생각이 나의 목적을 이루는 데 도움이 되는지를 알아본다. 내가 가족과 행복하게 살기를 바란다면 지금 이 생각이 나와 가족이 행복하게 사는 데 도움이 되는지를 알아본다. 도움이 되지 않는 생각이라는 것을 알면, 그런 생각을 멈추고 1분 정도 호흡명상을 한 다음에 생각을 바꾸어 본다.

지금이 내가 '생각하는 시간'인가, '생각을 쉬는 시간'인가를 알아본다. '생각을 쉬는 시간'은 깨어 있으면서 생각하지 않는 것이다. 약물에 취해 있거나 숏폼에 빠져 있는 것은 '생각을 쉬는 시간'이 아니다.

사람들은 대부분의 시간을 '생각하는 시간'도, '생각을 쉬는 시간'도 아닌 채 생각에 끌려가면서 보낸다.

지금 나의 생각이 과거에 가 있는지, 미래에 가 있는지도 살펴본다. 깊고 길게 숨을 내쉰 다음에 지금 여기서 내가 해야 할 중요한 일에 집중한다.

   '생각하는 시간'보다 '생각을 쉬는 시간'이 더 중요하다. 명상을 하거나, 산책할 때 일정한 구간을 정해 놓고 생각을 쉬면서 걸어 본다. 발바닥의 감각을 알아차리면서 걷거나 자연의 소리를 들으면서 걷는다.

   기능이 뛰어난 컴퓨터가 좋은 컴퓨터이듯이 나의 목적을 잘 이루는 생각이 좋은 생각이다. 천재가 따로 있는 것이 아니라 비상하고 기발하게 생각할 줄 아는 사람이 천재이다. 어리석은 사람이란 어리석게 생각하는 사람이다. 행복한 사람은 지금 이대로 받아들이고 만족할 줄 아는 사람이다.

   잠시 호흡명상을 한 후에 지금 내가 어떤 생각을 하는지 살펴본다.

   사람들 대부분은 지금 자기가 하는 생각을 알아차리지 못하기에 자동으로 일어나는 자기 생각을 사실로 여긴다. 자동적 사고는 습관화되어 저절로 일어나는 생각이다. 아파트 엘리베이터에서 이웃에게 인사했는데, 그 사람이 인사를 받지 않았을 때 '나를 무시하나' 하는 생각이 든다면 그런 생각이 자동적 사고이다. 자동으로 일어나는 생각은 현실에 맞지 않고 왜곡된 경우가 많다. 친구가 나와 똑같은 상황에 처해 있다면 그 친구에게 내가 무엇이라고 말할 것인가? 5년 후, 10년 후에는 지금 이 상황을 어떻게 볼 것인가? 하고 묻고 대답해 본다. 자동으로 일어나는 생각을 알아차리고 이성적으로 생각하면 현실에 잘 적응하게 된다.

L씨는 직장에서 상사가 자기가 맡은 일을 하지 않으면서 다른 사람들에게 자기가 해야 할 일을 시키는 것을 보고 짜증이 났다. 상사의 행동이 이기적이며 나쁘다고 생각했기 때문이다. 최근 L씨는 마음챙김을 배우면서 그 사람에 대한 생각이 들 때마다 '지금 그 사람에 대해 생각하는구나' 하고 알아차렸다. L씨는 그 사람을 생각하는 것이 자기의 행복에 도움이 되지 않는다는 것을 깨닫고 지금 자기에게 중요한 일이 무엇인지를 생각하기 시작했다.

생각은 몸의 상태, 감정, 환경의 영향을 받는다. 몸이 피곤하면 생각이 부정적으로 바뀌어 간다. 또 배가 고프면 시야가 좁아지고 판단력이 떨어진다. 알코올 중독자들에게 피곤하거나 배가 고플 때를 피하라는 것도 피로와 배고픔 등의 신체 조건이 알코올에 대한 갈망을 불러와서 재발의 위험성을 높이기 때문이다.

우울하거나 불안하거나 화가 나면 생각이 부정적으로 흐른다. 기분이 좋다면 다른 사람의 말과 태도를 좀 더 긍정적으로 해석할 수 있다. 지금 스트레스를 받으면 다른 사람과 상황을 부정적으로 볼 수 있다.

우울증이나 불안장애를 겪는 사람의 생각은 왜곡되고 경직된 경우가 많다. 우울한 사람은 자신과 타인, 미래를 부정적으로 바라본다.

반면에 양극성 장애 환자의 경우는 조증 상태가 되면 세상을 자기 마음대로 할 수 있다는 생각을 가지면서 무리하게 일을 벌이기도 한다.

N씨는 직장에서 상사에게 서류를 제출하면서 상사로부터 인정받기를 기대했다. 그런데 상사가 서류가 잘못되었다고 말하자 상사가 자기를 무시한다고 생각하여 기분이 우울해지고 화가 났다. 이때 N씨는 '지금 내가 우울하고 화가 났구나!' 하고 알아차리면서 척추를 똑바로 펴고 호흡 마음챙김을 하였다. N씨는 상사가 자기를 무시한다는 자동적 사고로 우울하고 화가 났다는 것을 이해하게 되었다. 그리고 생각을 이성적으로 바꾸기로 하였다. '상사가 원하는 내용은 나의 생각과 다르다' '설사 상사가 나를 인정하지 않는다고 하더라도 나의 가치는 변함없이 그대로이다'라고 생각하였다. 그렇게 하자 지금 자신이 어떤 일에 집중해야 하는지 알고 실행할 수 있었다.

분노도 생각이나 판단에 영향을 준다. 분노가 일어나면 점점 시야가 좁아져 나중에는 넓게 보지 못해 후회할 행동을 할 수 있다.

자존감이 낮으면 생각이 부정적으로 흐른다. 자존감이 높은 사람은 다른 사람의 말을 상대의 입장에서 그대로 받아들인다. 하지만 자존감이 낮으면 다른 사람의 중립적인 말도 부정적으로 생각하여 분노하거나 우울해한다.

욕심이 많아도 올바른 판단을 하기 어렵다. 현실과 미래를 자기 기대대로 보려고 한다. 도박에서 많은 돈을 잃은 사람은 지금까지 도박으로 돈을 많이 잃었기에 이제 딸 때가 되었다고 생각한다. 만약 어떤 도박에서 돈을 딸 확률이 10%라면 과거나 지금이나 여전히 10%의 확률인데, 자기의 기대와 현실을 구분하지 못하여 잘못 판단한다.

몸과 마찬가지로 생각도 경직되면 건강하지 않다. 생각을 유연하게 사용할 수 있어야 정신이 건강하다.

운동을 하거나 악기를 연주할 때 몸에 힘이 들어가면 제대로 동작하기 힘들 듯 생각을 유연하게 해야 현실에 맞게 살아갈 수 있다.

지금 내가 하는 생각은 사실과 다를 수도 있고 나에게 유용하지 않을 수도 있다. 생각을 알아차리고 생각이라는 도구를 나의 목적에 맞게 사용한다. 지금 내가 이렇게 생각하고 있다는 것을 알아차리면 생각이 좀 더 유연해지고 목적에 맞게 생각을 잘 다룰 수 있다.

올바른 생각을 위해서는 잠시 명상을 한 다음 내면의 스승에게 물어본다.

명상이나 자연 속에서의 산책, 운동 등은 생각을 쉬게 하며 창의적으로 생각하도록 돕는다. 아이디어가 잘 떠오르지 않으면 산책이나 명상을 해 본다. 명상은 뇌 영역의 독특한 활성화나 비활성화를 일으켜서 자기를 성찰하는 데 도움이 된다. 주의집중(focused attention) 명상은 자기 성찰, 인지조절과 관련된 뇌 영역을 향상시키고 통찰(open monitoring) 명상은 사고나 행동의 자발적 조절 및 상호 수용적 처리에 관여하는 뇌 영역의 활성화를 가져온다(Fox et al., 2016).

창의적 사고는 기존의 생각을 기반으로 하여 새롭고 다르게 생각하는 것이다. 창의적인 사람의 생각은 기발하고 새로우며 유용하다(김영채, 1998). 마음챙김 명상은 마음을 유연하게 하여 창의적으로 생각하게 한다.

창의적 사고는 잠들기 전이나 잠에서 깨어났을 때, 샤워할 때와 같이 이완되었을 때 드러나는 경우가 많다. 나는 잠들기 전에 좋은 생각이 일어나면 다시 방에 불을 켜고 생각나는 내용을 필기해 둔다. 또 숲속에서 산책할 때 좋은 아이디어가 떠오르면 잘 기록해 둔다. 이 내용을 나중에 강의나 저술에 사용한다.

4. 생각 사용하기

생각이라는 도구를 사용하는 데는 많은 에너지가 소비된다. 생각하는 것이 원활하지 않으면 휴식해야 할 때임을 깨닫고 충전의 시간을 가진다.

스마트폰을 잠시 덮어 두듯이 생각을 멈추고 쉬어 가는 시간을 자주 가져 본다. 스마트폰을 충전하는 것처럼 생각도 잠시 멈추고 쉬어 줘야 충전된다. 명상, 기도, 운동, 음악 감상, 자연 속에서의 산책과 같은 쉼을 해 본다.

생각하지 않을 때의 평화를 자주 느껴본다. 생각의 플러그를 빼놓으면 나와 자연이 하나가 되고 신과도 잘 연결된다. 마음의 평화를 위해 생각의 플러그를 자주 빼놓는다.

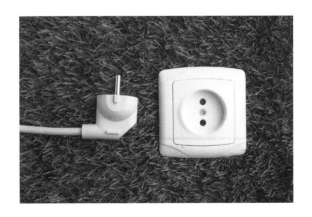

많은 사람이 생각하는 것이 사실이고 진리인가

세상의 많은 사람이 그렇게 생각한다고 해서 그것이 반드시 진리나 사실인 것은 아니다. 지금 내가 생각하는 것이 사실과 다를 수 있듯이 많은 사람이 생각하는 것이 사실이 아닐 수 있다. 일반인을 대상으로 끔찍한 테러를 일으킨 가해자들은 자신의 행동이 정의롭다고 생각한다. 어느 한 시대에 진리며 사실로 여겨졌던 일도 시간이 지난 후에 잘못된 것임을 깨닫게 되는 경우가 있다.

많은 사람이 옳다고 주장하는 어떤 이론이 있다. 이 이론은 사람들이 믿고자 하는 생각의 발현일 수도 있고, 시간이 흐른 후에 이론의 내용이 달라지거나 이론에 대한 사람들의 인식이 바뀔 수도 있다. 역사를 살펴봐도, 한때 유행했던 이론이 지금은 사실이 아닌 것으로 밝혀지는 경우가 왕왕 있다.

인간의 심리를 설명하는 심리학적 이론도 자기를 이해하는 하나의 수단이다. 나에게 그 이론이 맞을 수도, 맞지 않을 수도 있다. 누구나 자기가 자기를 가장 잘 알기에 자기에게 맞는 이론은 받아들인다.

많은 사람이 옳다고 주장하더라도 무조건 받아들이기보다는 '그 사람들은 그렇게 생각하는구나!' 하고 주시한다. 그리고 '지금 나는 이렇게 생각하는구나!' 하고 알아차린다.

▌생각하기 나름

생각은 나의 행복을 위해 사용되는 수단인데, 자기 생각만이 옳다고 고집하면 생각의 노예가 되어 자유롭지 못하다. 자기 생각에 집착하면 다른 사람과의 관계가 불편하다.

화엄경에 일체유심조(一切唯心造)라는 말이 있다. 지금 내가 어떻게 생각하느냐에 따라 행복할 수 있고, 불행할 수도 있다. 퇴직한 상황에서도 '이제 더 나은 일을 할 수 있는 좋은 기회가 왔다'라고 생각하면 마음이 편안해지면서 새로운 일을 시작할 수 있다. 하지만 '이제 나는 끝났다'라고 생각하면 기분이 우울하고 새로운 일을 찾지 않는다. 모든 것은 생각하기 나름이고 생각이 모든 것을 만들어 낸다.

지금 처지가 곤궁한 사람이라면 자기를 격려하면서 생각이라는 도구를 잘 활용해 본다. 실패했더라도 자기를 비난하지 말고 좋은 경험을 했다고 생각하면서 생각을 다시 해 본다. 역사적으로도 어려운 상황에서 새롭고 뛰어난 생각을 하여 크게 성공한 사람이 많다. 하지만 비슷한 상황에서 더 많은 사람이 좌절하고 불행하게 살아간다.

A씨는 어린 시절부터 천재라는 이야기를 들을 정도로 총명했고 공부도 잘했다. 그러나 한번 사업에 실패하고부터는 술로 위로하면서 살아왔고 결국 회사가 망하고 부인과도 이혼하게 되었다. 그때부터 과거를 후회하고, 남을 원망하고 자기를 학대하면서 살아왔다. 하지만 어느 날, 산책하면서 '아직 나는 늦지 않았다. 다시 한번 시작해 보자.'라는 생각이 들었다. A씨는 좋아하던 술을 끊었으며 새로운 사업을 시작하였다. 지금 A씨의 사업체는 점차 매출이 늘어 가고 있다.

어떤 처지에 있더라도, 지금 내가 어떤 생각을 하느냐가 중요하다. 지금 나의 생각이 나의 행동을 결정짓고 나의 삶을 바꾼다. 지금 이 상황에서 내가 어떤 생각을 하느냐에 따라 미래가 달라진다. 과거 여러 번 실패한 경험 때문에 '앞으로도 나는 무슨 일을 해도 실패할 것이다'라고 생각하는 사람은 어떤 일을 시작조차 하지 않을 것이다. 하지만 과거에 실패하였더라도 '지금까지 좋은 경험을 했다. 한 번 더 해 보자.'라고 생각하고 행동하면 미래가 달라진다. 자신감을 가지고 생각을 잘 활용하면 성공할 가능성이 높다.

자신이 부자가 될 수 있다고 믿는 사람은 부자가 되기 위해 노력할 것이다. 하지만 앞으로 자신이 부자 되기가 틀렸다고 생각하면 부자가 되려고 노력하지도 않을 것이다.

나는 등산을 자주 하는데, 등산할 때 이미 정상에 올라와 있는 나를 생각하면서 올라간다. 힘들지만 오를 수 있다고 믿기에 포기하지 않고 정상에 도달한다. 자신을 믿고 포기하지 않으면 행동이 달라지고 몸의 기능도 따라 주면서 목적을 이룰 수 있다. 자신감을 가지면 몸에서 엔도르핀이나 도파민 등의 물질이 분비되어 산을 잘 오를 수 있게 한다.

만약 지금 힘들면 '힘들구나!' 하고 알아차리고 자기를 격려하면서 생각이라는 도구를 잘 활용한다. '더 나은 방법이 없을까?' '만약 ~하면 어떻게 될까?' 하고 생각해 본다.

상황이 어떠하든 남들이 뭐라고 말하든 지금 이 상황에서 내가 어떤 생각을 하느냐가 중요하다.

나의 생각이 나를 행복하게 할 수도 있고, 불행하게 할 수도 있다. 지금 내가 하는 생각이 나를 불행하게 한다면 생각을 바꾸어 본다.

내가 행복하기를 바란다면 행복한 생각을 한다.

　나의 생각을 연못에 띄워 둔 조그마한 배로 상상해 본다. 내가 배를 조정하듯이 나의 생각을 잘 다루어 간다. 사람들 대부분은 생각이라는 배가 떠다니는 것을 보지 못한 채, 그냥 배가 떠다니는 대로, 생각이 흘러가는 대로 살아간다. 내가 생각이라는 배를 단단히 붙잡고 목표를 향해 노를 저어 나가면 언젠가 내가 바라는 목적지에 도착한다.

　지금 이 순간 나에게 어떤 생각이 떠오르는지 알아차리면서 나의 생각을 잘 다루어 나간다.

마음이라는 백지 위에 행복한 그림 그리기

사람은 행복한 이미지를 그릴 수 있고 불행한 이미지도 그릴 수 있다. 지금 내가 행복하고 싶으면 행복한 이미지를 그려 본다. 만약 지금 마음이 불안하다면 잠시 눈을 감고 자신이 편안하고 즐겁게 생활하는 모습을 그려 본다. 편안하고 즐겁게 생활하는 모습이 잘 그려지면 마음이 평온해진다.

지금 내 마음을 다른 사람을 원망하고 미워하는 그림으로 가득 채우면 불행해지는 것은 그 사람이 아니라 나 자신이다. 지금 내가 어떤 그림을 그리는지 알아차린다. 내가 행복하고 싶다면 나의 마음을 행복하게 그리면서 살아간다.

잠시 호흡명상을 한 후에 감사할 수 있는 것을 생각해 보면 마음에 행복한 그림이 그려진다. 자주 감사한 일, 기쁜 일, 의미 있는 일을 생각하면서 행복한 그림을 그려 나간다.

우리의 본성을 하얀 백지로 비유할 수 있다. 모든 사람은 순수의식, 하얀 백지와 같은 마음을 가지고 있다. 금강경에서 말하는 아상이 사라진 상태, 도덕경에서 말하는 무위의 상태, 그리스도가 말하는 어린아이의 순수한 마음이 나의 본성이다. 마음챙김으로 생각을 비워 나가면 순수의식의 하얀 백지를 만나면서 평화를 느낀다.

📍 지금 여기서 행복하기

행복하고 싶다면 지금 여기서 행복할 수 있는 생각과 행동을 한다. 내일로 미루지 말고 지금 여기서 행복하게 살자.

나는 십 년 전에 '내일부터 술을 끊겠다'고 말하던 사람이 아직도 술을 마시는 것을 보았다. 진정으로 술을 끊고 싶다면 오늘부터 술을 마시지 않아야 한다.

어떤 사람은 운동하는 것이 즐겁고, 어떤 사람은 여행 가는 것이 행복할 수 있다. 내가 행복할 수 있는 일을 미루지 않고 지금 해 본다. 자기 이름으로 책을 한 권 내고 싶으면 지금 한 페이지라도 글을 써 본다.

무엇인가 몰입할 수 있는 일을 찾아 기쁨을 누려 본다. 나는 글을 쓸 때 몰입하는 기쁨을 느낀다. 또 등산하면서 자연을 만나고 나를 만나는 기쁨을 느낀다. 요즘 나의 일과 안에서 기쁨과 보람을 느끼는 일들을 점차 늘려 나간다.

내 몸이 있는 지금 이 자리에서 나는 무엇이든 할 수 있다. 미래는 내 생각 속에 있고 이미 지나간 일은 바꿀 수 없다. 지금 이 자리에서 내가 행복할 수 있는 일을 한다.

나의 기분과 상관없이 신나는 일을 행동으로 옮기면 기분이 달라진다. 웃거나 춤추거나 달리다 보면 기분이 좋아진다. 나는 우울한 기분의 내담자에게 1시간 정도 걸어보기를 권유한다. 내담자는 1시간 정도 걷고 난 다음에 '기분이 훨씬 좋아졌다'고 말한다. 걷기는 우울증의 좋은 치료제이다.

다른 사람을 돕는 것도 자기를 행복하게 한다. 힘든 사람의 옆에 있어 주는 것만으로도 그 사람에게는 큰 위로가 된다.

사소한 일이라도 다른 사람이 기뻐할 수 있는 일을 해 본다. 엘리베이터에서 만난 사람에게 인사하고, 문을 열어 주고, 양보하는 것으로도 내가 행복할 수 있다. 지금 마주한 사람이 조금 더 행복할 수 있는 일을 하면서 나의 행복도 느껴 본다.

4. 생각 사용하기

🍃 자신이 잘하는 것을 찾아 꾸준히 하기

인간은 완벽할 수 없다. 각자는 잘하는 것도 있고 부족한 것도 있다. 성공하기 위해서는 내가 잘하는 것, 장점이나 강점을 활용한다. 다른 사람과 비교하기보다는 내가 할 수 있는 것 중에서 잘하는 것을 찾아 집중한다.

한번 마음먹은 것은 포기하지 않는 끈기가 나의 특성이다. 나는 재능이 부족하지만 포기하지 않는 마라토너의 정신으로 전문 분야에서 성과를 이룰 수 있었다. 목표를 앞두고 자주 넘어졌지만 그럴 때마다 다시 일어나서 목표를 향해 걸어갔다. 나는 요즈음 한 권의 책이 나오기까지 백 번 이상 수정하고 다듬는다.

산을 등산할 때도 일부러 조금 힘든 코스를 택한다. 목표를 정해 놓은 다음에는 아무리 힘들더라도 그 목표를 이룬다는 마음에는 흔들림이 없다. 끈기 덕분에 재능이 부족해도 바라던 일을 이룰 수 있었다.

타고난 천재로 알려진 발레리나 강수진은 자신은 최선을 다하는 노력파이며, 성실함은 최고의 재능이라고 말하였다.

조선 중기 문장가인 김득신은 어린 시절 어둔하고 기억력이 좋지 못했지만 인내심을 가지고 엄청나게 노력한 덕분으로 조선 시대의 훌륭한 문장가가 되었다. 그가 1만 번 이상 읽은 책만 하더라도 수십 권이 넘는다고 한다. 그는 그런 독서를 기반으로 뛰어난 시를 많이 남길 수 있었다.

성실한 사람은 결국 무슨 일이든 포기하지 않고 해내게 된다. 누구나 잘하는 것이 있다. 그것을 찾아서 집중하고 꾸준히 노력하면 성공할 수 있다.

  각자는 자신이 잘하는 것, 잘할 수 있는 것으로 사회에 기여할 수 있는 일을 찾는다. 공동체 안에서 서로 잘하는 것으로 남을 도우면서 살아가면 행복한 사회가 된다. 꽃동네 장애인 시설에 가면 보지 못하는 사람이 걷지 못하는 사람의 손발이 되어 주고, 걷지 못하는 사람이 보지 못하는 사람의 눈이 되어 주면서 서로 도우며 살아가는 모습을 본다. 남과 비교하기보다는 각자가 잘할 수 있는 것으로 서로 도우면서 살아간다.

▌무너질 것인가 성장할 것인가 선택하기

Q씨는 단주한 지 10년이 지났다. 하지만 하루에도 한두 번씩 술에 대한 갈망이 일어났다. 단주하기 전에는 술에 대한 갈망이 일어나면 이를 인식하지 못하고 그대로 술을 마셨다. 지금은 술에 대한 갈망이 일어날 때 이를 알아차리면서 그 갈망이 다시 사라지는 것을 본다. 자신의 감정과 욕구, 충동을 알아차리면 마음이 안정되고 지금 내가 해야 할 일에 집중하게 된다.

지금 술에 대한 갈망이 일어나는 것을 분명히 볼 수 있으면 술을 조절할 수 있다. 갈망이 일어나는 것을 주시하면 마음이 편안해지고 갈망이 사라진다. 마음챙김은 갈망과 집착, 강박의 흐름을 차단한다.

삶이 고통스럽기에 '제정신이 아니고 싶어서' 술을 마신다고 말한다. 술이나 마약 등은 즉각적이며 강렬한 자극을 주기에 쉽게 중독된다. 중독되면 조절력을 담당하는 대뇌의 전두엽 피질 등이 손상되기에 혼자 힘으로 회복하기가 쉽지 않다.

술을 마시거나 마약을 하거나 게임을 할 때 기분이 좋은 것은 대뇌에서 보상의 효과를 주는 도파민이 방출되기 때문이다. 중독자는 도파민의 방출이 주는 쾌감의 노예가 된다.

중독은 조절력이 상실되는 것과 자기와 타인에게 피해를 주는 것이 주요 특성이다. 하지만 알코올 중독자는 자기는 중독자가 아니며 스스로 음주를 조절할 수 있다고 생각한다. 그리고 술을 마시는 것이 가족이나 다른 사람에게 피해를 주지 않는다고 말한다. 또 한 잔만 마시겠다고 하면서 며칠간 계속 술을 마신다.

Y씨는 병원에서 퇴원한 지 2일째 되는 날 소주 1병만 마시겠다고 하면서 술을 마시기 시작했다. 그때부터 7일 동안 계속 술을 마신 Y씨는 병원의 응급실에 실려 가 치료받게 되었다. Y씨는 지금은 자신이 술을 마시면 죽을 수도 있다는 것을 알기에 더는 술을 마시지 않지만, 몸이 조금 좋아지면 또 술을 마실까 걱정된다고 하였다.

알코올 중독자는 술을 마시기 위해 비의식적으로 자기의 생각을 왜곡시키고, 부정과 합리화, 투사 등의 방어기제를 사용한다. 방어기제는 일부러 꾸며 말하는 것과 달리 비의식적 수준에서 일어난다. '부정'은 자기가 중독자가 아니며, 스스로 조절할 수 있고, 자신과 남에게 피해를 주지 않는다고 생각하는 것이다. '합리화'는 술을 마시는 그럴듯한 이유를 대는 것이다. '투사'는 다른 사람이 자신으로 하여금 술을 마시게 한다고 믿는 것이다. 배우자가, 세상이 자신에게 술을 마시게 한다고 생각한다.

술을 마시기 위한 욕구와 갈망은 중독자로 하여금 자기와 현실을 있는 그대로 보지 못하게 한다. 중독으로부터 회복되면 자기가 스스로를 속여 왔다는 것을 알게 된다. 마음챙김이 되면 자신의 비의식도 정직하게 볼 수 있는 힘이 있기에 자신을 속이지 않는다.

중독자는 내성과 금단을 겪는데, '내성'은 동일한 효과를 얻기 위해 필요한 중독물질의 사용량이 많아지거나 활동의 빈도가 증가하는 것을 말한다. 마약 중독자가 처음에는 한 번의 주사만으로 쾌감을 느꼈지만, 나중에는 하루에 여러 번 주사를 맞아도 처음의 쾌감을 느끼기 어렵다. '금단'에는 중독물질을 중단하면 심리적으로 불안한 심리적 금단과 신체적으로 고통스러운 신체적 금단이 있다. 게임중독

청소년은 게임을 하지 않으면 불안해하고 초조해한다. 알코올 중독자는 술을 마시지 않으면 손이 떨리고 고통스러워 술을 마신다. 중독자가 가진 내성은, 우리 사회에서 점점 더 강렬한 자극을 찾는 것이 결국은 자기를 비참하게 만든다는 것을 알려 주는 교훈이 된다.

모든 자극은 내성이 있기에 외부 자극만으로는 사람이 만족할 수가 없다. 하지만 지금 일어나는 자기의 욕구를 알아차리면서 만족할 줄 알면 중독으로부터 멀어질 수 있다.

중독자가 회복되지 않으면 결국 불행한 삶을 살다가 생을 일찍 마감한다. 나는 알코올 치료공동체에서 20년째 매주 상담 프로그램을 진행하고 있다.

현재까지 알코올 치료공동체에서 퇴소한 분들의 반 이상이 병이나 사고 또는 자살로 일찍이 사망하는 것을 보아 왔다. 중독자는 살기 위해, 고통에서 벗어나기 위해 중독 대상에 매달리지만 그 끝은 비참하다. 알코올 중독자는 두 가지의 길에서 선택해야 한다. 계속 술을 마시다 비참하게 죽어야 할지, 회복하여 성장할지를 선택해야 한다.

알코올 중독자가 회복한다는 것은 중독 되기 전의 상태로 되돌아가는 것이 아니라 이전보다 더 성장하는 것이다. 중독에서 회복되려는 사람은 이전에는 스트레스를 받거나 갈등이 있을 때 그대로 술을 마셨다면, 지금은 그런 자기의 마음을 주시하면서 술을 조절할 수 있어야 한다. 회복한 중독자는 일반인보다 더 정직하고 겸손하며 다른 사람을 잘 배려하는 등 영적으로 성장한 모습을 보여 준다.

중독자가 회복을 유지하려면 술이나 마약과 같은 빠른 효과를 주고 부작용이 많은 대상보다 운동, 예술 활동, 봉사, 신앙생활 등에서 즐거움을 느낄 수 있어야 한다. 인위적 보상이 아닌 자연적 보상으로 도파민, 엔도르핀 등이 방출될 때의 쾌감을 느낄 수 있으면 회복이 잘 유지된다. 일상에서 도파민이나 엔도르핀이 자연스럽게 잘 방출되는 일을 찾아 즐길 수 있도록 스스로를 유도하는 것이 중독의 예방과 회복에 중요하다.

현대 사회는 이익을 얻기 위하여 많이 사용하고 소비할 수 있는 것, 즉 중독이 될 수 있는 것을 만들어 간다. 숏폼, 동영상, 게임, 약물 등 중독될 수 있는 대상을 만들어서 판매자의 이익을 최대로 얻고자 한다.

중독에 취약한 사회일수록 사회 구성원들의 마음챙김이 필요하다. 더욱 중요한 것은 중독자가 지금 이대로의 자기가 소중함을 인정하고 사랑하는 마음을 갖는 것이다. 결국 회복은 진정한 자기를 찾고 자기를 존중하는 것에 있기 때문이다.

중독은 예방이 중요하다. 자극적이며 빠른 효과를 주는 대상을 찾는 우리 사회 문화도 중독에 영향을 미친다. 또 음주문화의 확산, 술을 구하기 쉬운 환경, 인터넷과 스마트폰의 보급 등은 중독 대상의 접근을 용이하게 한다.

중독의 예방을 위해서는 우리 사회에서 마음챙김이 활성화되어야 한다. 사회구성원 각자가 자신의 감정이나 갈망을 분명히 알아차리는 것은 중독예방에 기여한다.

4. 생각 사용하기

⸗ 내 마음의 주인은 나다

내 마음의 주인은 나다. 다른 사람이 나를 대하는 행동에 따라 나의 행복과 불행이 나누어진다면 나는 내 삶의 주도권을 그 사람에게 맡긴 것이다. 상대가 원하지 않는데, 스스로가 그렇게 만든 것이다.

자기 자녀가 말을 잘 듣고 공부를 잘하면 자신이 행복하고, 그렇지 않으면 불행하다고 생각하는 부모는 행복의 주도권을 자녀에게 맡겨 둔 것이다. 알코올 중독자의 배우자가 '중독자가 술을 끊어야 자신이 행복할 것이다'라고 생각하여 중독자에게 의존하거나 중독자를 조종하려는 것도 자기 삶의 주도권을 중독자에게 주었기 때문이다. 중독자에게 맡겨 둔 삶의 주도권을 찾아와야 본인도 행복하고, 중독자를 제대로 도와줄 여유가 생긴다. 중독자가 술을 마시든지 마시지 않든지 상관없이 자신의 행복은 자신이 선택해 만드는 것이다.

어떤 사람이 나를 인정할 때만 내가 나를 존중하고, 그 사람이 나를 무시할 때 내가 나를 존중하지 않는다면 나는 나의 자존감을 그 사람에게 맡긴 것이다.

상대의 말과 행동에 따라 나의 기분이 좌우될 필요는 없다. 만약 누가 나를 비난한다면 돌이켜 보고, 나의 잘못이라면 빨리 고치며, 나의 잘못이 없다면 '그 사람이 그렇게 생각하는구나!' 하고 받아들인다.

내가 있는 그대로의 나를 인정하고 존중하면서 지금 여기에 깨어 있으면 어느 누구도 나의 자존감에 영향을 미치지 못한다. 잠시 흔들릴 수 있으나 마음챙김으로 곧 안정을 찾는다.

J씨는 직장상사인 P씨가 보여 주는 말과 행동으로 심한 스트레스를 받고 있다. P씨는 자신이 해야 할 일을 J씨에게 미루고 자신을 무시하는 말을 자주 하였다. J씨는 P씨를 만나면 분노가 일어나고 두통이 심했으며 잠도 잘 오지 않았다. 그러나 어느 날 마음챙김을 배우고 자기를 성찰하면서 이제부터 자신의 행복을 P씨에게 맡겨 둘 필요가 없음을 알게 되었다. 그 후 J씨는 직장에서 P씨가 하는 행동에 초연할 수 있었다. J씨는 P씨의 문제와 자기의 문제를 구분하였으며 자기 삶의 주도권을 가지게 되었다.

상황에 따라서 자기의 행복이 달라진다면 그 상황에 주도권을 준 것이다. 자기감정에 분명히 깨어 있으면 지금 자신의 환경이나 처지가 어떠하든지 자기감정을 자신이 잘 조절할 수 있다. 나는 교도소에서 마약 중독자들을 대상으로 강의할 때 "여러분이 지금 여기서 행복할 수 없으면 사회에 나가서도 행복하기가 어렵다."고 말한다.

힘든 시기 또한 내 인생의 귀중한 시간이다. 여름 더위로 곡식이 익어가듯이 고통의 시간은 나를 키우고 여물게 한다.

내 삶의 주인이 되기 위해서는 어디서나 깨어 있어야 한다. 지금 일어나는 나의 마음을 손님으로 분명히 알아차리면 주인 노릇을 잘할 수 있다.

숨, 나를 치유하다

III

깨어서 대화하기

5 자기감정 알아차리고 표현하기

대인관계에서 일어나는 자기의 감정을 잘 알아차린다.

지금 상대방의 심정을 상대방의 입장에서 올바로 이해하고 공감하며, 상황에 맞게 표현한다.

▌마음챙김 하면서 대화하기

지금 일어나는 나의 감정을 분명하게 주시한다. 말하면서 말하는 나의 목소리, 표정, 태도를 알아차리면서 말한다. 나의 목소리가 너무 크거나 작은지, 말의 속도는 빠른지 느린지, 음색이 부드러운지 날카로운지 등을 살펴본다. 또 표정은 밝은지, 어두운지, 굳어 있는지 등을 알아본다. 몸의 태도는 긴장되어 있는지, 이완되어 있는지 등을 관찰한다. 상대의 말을 들을 때도 내가 듣고 있음을 주시한다.

지금 내가 말하는 것이 이 상황에 적절한지 알아차리면서 말한다.

1분간이라도 척추를 똑바로 세우고 호흡명상을 한 후에 대화하면 대화가 자연스럽게 진행된다.

C씨는 지금 상사를 만나기로 하였는데, 긴장이 되고 불편하였다. C씨는 자기의 긴장되고 불편한 마음을 알아차리고는 척추를 똑바로

세우고 호흡명상을 한 후에 상사를 만났다. 상사를 만나면서도 자기 호흡과 감정을 알아차렸다. 또 지금 자기가 상대와 상황에 맞게 대화하는지 살펴보면서 대화하니 마음이 편안해지고 대화가 잘 진행되었다.

내가 지금 상대에게 무엇을 바라는지 나의 욕구나 감정을 분명히 알아차린다. 또 상대가 지금 나에게 무엇을 바라는지 알아본다. 자신의 입장이 아닌 상대의 입장에서 이해해야 상대로부터 해를 입지 않고, 자신도 실수하지 않는다.

K씨는 성실하고 남을 잘 믿는 사업가이다. 어느 날 자기를 찾아온 지인이 어떤 사업에 투자하면 큰돈을 벌 수 있다며 투자를 권유하였다. K씨는 '나도 이제 큰돈을 벌 수 있는 기회가 왔다' '그 사람은 나를 도와주려는 고마운 사람이구나!'라고 생각하고 지인의 말대로 사업에 투자하였지만 결국에는 투자금을 잃게 되었다. K씨는 자기의 욕심을 분명하게 알아차리지 못하고 지인의 숨은 의도를 잘 파악하지 못하여 해를 입었다는 것을 알았다.

자기의 어리석음과 욕심을 분명히 주시하지 못하고, 상대가 자기를 속이려는 의도를 파악하지 못하면 손해를 본다. 상대의 진정한 의도를 모르면서 상대가 자신에게 도움을 줄 사람으로 기대한다면 상대는 자신을 순진하고 어리숙한 사람으로 보고 이용할 수 있다.

상대를 만나면서 지금 나의 호흡 상태는 어떤시, 나의 사세나 표정은 어떤지, 어떤 감정이 일어나는지 살펴본다. 또 상대가 보여 주는 몸짓, 표정, 눈빛, 목소리, 호흡 등을 잘 관찰하면서 상대의 감정과 의도를 알아본다.

총체적 마음챙김은 자기 자신의 마음과 타인, 상황을 주시하는 것이다. 총체적 마음챙김을 하면서 대화하면 상대와 상황에 맞게 잘 대화할 수 있다.

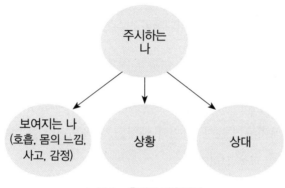

그림 3　총체적 마음챙김

그림 3과 같이 총체적 마음챙김이 되면 대화가 자연스럽다.

사람은 살아온 경험과 가치관이 다르기에 동일한 상황을 놓고도 다르게 해석할 수 있다. 배우자 간에도 서로 생각이 다르다는 것을 알고 인정하면 갈등이 줄어든다. 자기가 원하는 대로 상대가 바뀌기를 바라기보다는 지금 이대로 상대를 이해하고 받아들이면서 상대에 맞추어간다.

30대의 B씨는 외로움을 자주 느낀다. 어린 시절 부모가 이혼하였고, 어머니는 생계를 위해 바쁘게 일하느라 B씨를 잘 돌보지 못하였다. 재능이 뛰어난 B씨는 공무원으로 직장에서 맡은 바 일을 잘하고 있지만 대인관계에서 외로움을 많이 느끼고 있다. B씨는 외로움이 일 때마다 술을 마시면서 부모를 원망하였다. 어느 날 B씨는 마음챙김을 배우게 되었다. 그 후로 외로움이 밀려들 때마다 마음챙김으로 알아차리고 지금 자기가 해야 할 일에 집중하게 되었다. 처음에는 자기의 감정을 알아차리는 것이 쉽진 않았지만 점차 자기를 알아차리면서 편안해졌고 지금 이대로의 자신이 귀중함을 알고 사랑하게 되었다.

내가 내 마음을 이해하는 만큼 마음은 따스해지고, 상대와 상황에 맞게 잘 대처하게 된다. 자기와 상대, 상황을 주시하는 마음챙김은 대인관계 능력을 길러 준다.

▌ 의존심 알아차리기

사람은 서로 도우면서 살아가는 존재이다. 먹는 것, 이동하는 것 등 대부분이 다른 사람의 도움이 있어 가능하다. 하지만 내가 혼자서도 할 수 있는 일이고, 해야 할 일인데, 다른 사람에게 의존하는 것은 스스로 자존심을 약하게 하고 자기 발전을 저해한다. 불안하더라도 스스로가 해결할 수 있는 일은 남에게 미루지 말고 지금 시도해 본다.

어떤 사람에게 의존하려는 욕구가 좌절되면 그 사람에 대한 적개심이 일어난다. 적개심을 술로 해결하는 것이 습관화되면 알코올에 중독될 위험성이 있다. 사람이 자신의 의존 욕구와 적개심을 분명히 알아차리면 중독이 예방되고 현실에 잘 대처할 수 있다.

지금 어떤 사람에게 의존하려는 마음이 일어나면 '손님이 왔다'는 것을 알아차리고 1분간 호흡명상을 한다. 마음이 편해지면 지금 자기가 할 수 있는 일 중에서 급하고 중요한 일부터 해 본다. 그때 일어나는 불안도 그대로 알아차린다.

　　의존심은 자기를 실제보다 적게 보고 타인을 실제보다 크게 볼 때 일어난다. 있는 그대로의 자기를 보고 존중할 수 있으면 의존하려는 욕구가 줄어든다.

▌상대에 대한 반응으로 나의 모습 보기

내가 어떤 사람에게 정성을 다해 도움을 주었다고 생각했는데, 상대가 모른 척하면 실망스럽고 화가 날 것이다.

대부분의 사람은 자신이 살아온 방식대로 다른 사람을 대한다. 자기 이익을 위하여 타인을 이용하는 사람도 있고, 다른 사람의 인정을 바라면서 행동하는 사람도 있다. 지금까지 상대가 사람을 대하는 태도를 보면 그 사람을 잘 이해하게 된다.

처음과 끝이 일관된 사람도 있고, 자기 이익에 따라 그때그때 달라지는 사람도 있다.

자기 마음을 알아차리고 상처받은 자기를 위로해 준다. '저 사람은 이렇게 살아왔구나!' '괜찮다' 하면서 자신을 위로해 준다. 그러면서 자신이 다른 사람에게 무엇을 바라는지 다시 한번 생각해 본다. 다른 사람에게 실망하는 이유는 자기가 기대하는 것, 바라는 것을 상대에게 투사하여 보기 때문이다.

내가 상대에게 바라는 것이 없을 때 상대의 욕구를 더 잘 알게 된다.

⁊상대의 입장에서 생각해 보기

상대의 입장을 잘 알아보고 대화하면 관계가 매끄러워진다. 대화는 두 사람이 나누는 것이기에 상대의 관점에서 생각하고 대화하면 대화가 자연스럽게 진행된다.

상대를 이해하기 위해서는 먼저 상대가 하는 말을 잘 경청해야 한다. 상대가 말하는 내용뿐만 아니라 상대의 표정, 자세, 목소리, 태도, 호흡 상태 등을 주의 깊게 관찰한다.

T씨는 상대와 대화 도중 자기의 호흡이 불안정하다는 것을 느꼈다. 대화하면서 상대의 말과 표정, 행동에 집중하지 못하고 '이 사람의 말이 끝나면 내가 무슨 말을 해야 할지' 하고 생각한다는 것을 알아차렸다. 자기 생각을 알아차린 후에는 상대와 대화하기가 훨씬 편해졌다.

말하기 전에 내가 하려는 말이 상황과 상대에게 적절한 말인지를 되짚어 본다. 또 상대가 내 말을 들을 수 있는 상황인가를 알아본다.

자신의 행동이 상황과 상대에게 적절한지를 분간하는 능력이 조망능력(perspective taking)이다. 조망능력이 있어야 의사소통을 잘하게 된다. 처음에는 어렵지만 계속 연습하면 상대의 입장과 상황에 맞게 잘 대처하게 된다.

사람들 대부분은 다른 사람이 보여 주는 말과 행동의 적절성은 잘파악하고 있으나 자신의 행동이 상대에게 어떻게 보일 것인가를 잘 돌아보지 못하고 있다. 특히 정신장애를 가진 사람은 조망능력의 장애가 더 심하다. 관련 연구에서 만성 조현병 환자들은 타인의 행동이 사회적으로 적절한지, 적절하지 않은지는 평정할 수 있으나 자신의 행동이 다른 사람의 눈에 어떻게 비칠 것인지를 알아보는 능력은 손상되어 있었다(박상규, 손명자, 2000). 이는 환자들이 자기의 행동을 상대의 입장에서 생각할 수 있는 조망능력이 부족하기 때문이다. 한집에 사는 가족이라도 상대의 입장에서 자기의 말과 행동이 어떻게 비추어질지 생각하면서 대화하지 않으면 의사소통이 잘 되지 않는다.

소크라테스도 인간이 자신을 올바로 보기 어렵다는 것을 강조했다. 조망능력이 부족하면 대화나 행동이 자연스럽지 않다. 상대방이 싫어하는 말인데도 자기 이야기만 계속하는 사람이나, 이웃이 좋아하지 않는 음식을 이웃에게 자주 선물하는 사람도 조망능력이 부족한 사람이다.

지금 자기가 말한다는 것을 알아차리면서 말하고, 자기의 말과 행동이 상대에게 어떻게 비칠 것인가를 살펴보는 것은 총체적 마음챙김이다. 총체적 마음챙김이 되면 조망능력이 향상되면서 관계가 좋아진다.

나를 보호하기 위해서는 상대가 어떤 사람인지, 무엇을 바라는지를 분명히 알아야 한다.

대화할 때 상대의 입장에서 상대의 욕구와 감정을 인지하여 대화하면 의사소통이 잘 된다. 처음에는 어렵지만 한두 번이라도 연습하면 상대와의 대화가 편해진다.

▌감정 표현하는 기술 배우기

자기감정을 분명하게 알아차리면 상대와 편안하게 대화할 수 있다. 만약 대화 중에 상대에게 자기감정을 빨리 전하려는 마음이 일어나면 그런 마음도 그대로 알아차린다. 알아차린 후에는 잠시 척추를 바로 세우면서 숨을 깊고 길게 내쉬어 본다. 마음이 안정되면 상대의 말을 먼저 경청한 후에 나의 감정을 표현한다.

감정을 표현하는 기술은 어린 시절 부모로부터 배우고, 형제나 친구들과 대화하면서 자연스레 습득한다. 아직 대화기술이 부족하더라도 지금부터 대화기술을 배워 나가면 누구나 잘할 수 있다.

나를 알고, 상대를 알고, 지형을 알면 승리할 수 있다는 손자병법대로 대화에서도 나를 잘 알고, 상대를 잘 이해하고, 상황에 맞추어 대화하면 대화의 목적을 잘 이루게 된다.

가정에서도 의사소통의 기술을 배우고 대화하면 갈등이 줄어든다. 부부가 서로 감정이 통하지 않는다면, 한 사람이라도 먼저 감정 표현의 기술을 배운 다음, 배우자에게 알려 주면 갈등이 줄어든다. 나는 빈 의자 기법과 역할연기로 내담자에게 의사소통 기술을 연습

지금 배우자에게 짜증이 난 자기의 감정을 알아차린다.

↓

척추를 똑바로 펴고 앉아서 호흡명상을 한다.

↓

마음이 안정되면 배우자에게 "당신이 연락도 없이 밤늦게 들어오니깐 걱정이 되고 속상하다. 앞으로 늦을 경우에는 미리 전화해 주면 좋겠다."라고 말한다.

시킨다. 어느 날 내담자 한 분이 상담소에서 연습하고 배운 대로 집에서 배우자와 대화해 보았더니 배우자가 "속이 시원하다"라며 칭찬했다고 전해 주었다.

상대와 잘 지내기 위해서는 지난날 상대의 잘못에 대해 반복해서 말하지 않도록 조심한다. 물론 자기 마음속에는 한(恨)이 남아 있을 수 있지만 상대를 배려하여 자제한다.

만약 배우자가 과거의 일에 대해 자꾸 언급하면 나–표현법으로 자기 기분을 전해 준다. "당신이 내가 어쩔 수 없는 과거의 일을 자꾸 들먹이니 힘도 빠지고 화가 납니다. 앞으로 지난 일에 대해서 그만 말해 주었으면 좋겠습니다."라고 말한다. 이때도 지금 자기의 감정이 어떠하다는 것을 분명히 알아차리면서 상대에게 전한다. 상담을 받은 내담자 대부분이 나–표현법을 사용하고 다른 사람과 관계가 편해졌다고 말했다.

직장에서 다른 사람이 예의 없이 함부로 말하여 화가 나면 '손님이 왔다'는 것을 알아차린다. 다음에 상대가 받아들일 수 있는 상황이라면 나–표현법을 사용한다. "그런 말을 들으니 짜증이 납니다. 앞으로는 주의해 주길 바랍니다."라고 말한다.

> 직장인 O씨는 상사의 무리한 부탁을 싫지만 거절하지 못하고 있었다. 한번은 용기를 내어 "과장님이 이런 부탁을 자주 하시니 부담이 됩니다. 앞으로 저에게 이런 일을 부탁하지 않으시면 좋겠습니다." 하고 거절하였다. 그런 말을 한 후에 O씨는 마음이 더 편안해졌고 상사도 O씨의 입장을 이해하게 되었다고 하였다.

상대가 어떤 부탁을 하는데 자신이 도와주기 어렵다면 솔직하게 그런 감정을 표현한다. 직접적으로 말하기가 어렵다면 "한번 생각해 보겠습니다."라고 하면서 잠시 피할 수 있다.

상대에게 일어나는 자기감정을 알아차리고 그대로 표현하면 몸의 기운이 뭉치지 않고 잘 순환되어 건강해진다. 자기감정을 억압하면 몸의 기운이 잘 순환되지 않아 건강도 나빠진다. 자기감정을 직접적으로 표현하기 어렵더라도, 지금 일어나는 자기감정을 분명히 알아차리는 것만으로도 마음이 편안해진다.

자기감정이나 욕구를 언제 어디서나, 누구에게나 표현할 필요는 없다. 지금 상대가 내가 표현하려는 감정을 받아들일 수 있는 상황인지를 알아보고 말한다.

옳은 말이고, 상대를 위한 말이라도, 지금 상대가 받아들일 수 있는 상황이 아니라면 나중에 말하는 것이 좋다.

마음챙김하면서 사람을 만나면 상대의 부정적인 에너지가 자기 내면으로 들어오기가 어렵다. '이 사람의 말 때문에 내가 화가 났구나!' '이런 상황에서 화가 났구나!' 하고 알아차린다. 마음챙김이 되면 상대의 부정적 에너지가 오래 남지 않고 사라진다.

6 부모의 마음챙김과 정신건강

▌부모의 마음챙김

부모가 마음챙김을 하면서 대화하면 부모와 자녀의 마음이 편안하고 잘 통하게 된다.

부모가 자기감정을 잘 알아차리면서 자녀의 입장에서 대화하면 자녀는 이해받고 존중받는다는 느낌을 가지게 된다.

부모가 마음이 편안하지 않은 채 자녀와 대화하면 자녀가 상처 입을 수 있다. 부모 자신이 불안하거나 화가 나 있을 때는 잠시 호흡명상이나 차 마시기 등으로 마음을 안정시킨다. 자녀에게 화나 있으면 이성적으로 말하고 행동하기가 어렵기에 마음을 안정시킨 다음에 자녀를 만나는 것이 좋다.

부모가 자기 문제로 자녀를 미워하고 욕하고 때리는 등으로 상처를 주면 아이는 견뎌 내지 못하고 병을 앓는다. 부모로부터 받은 상처는 자녀의 내면에 억압되어 병이 되거나 혹은 청소년 비행으로 표출된다. 부모가 보여 주는 행동을 싫어하면서도 부모의 행동을 따라서 하는 자녀가 많다.

30대의 A씨는 어머니에게 화가 나 있다. 어릴 때부터 어머니는 자기를 비난하고 자주 화를 내었다. A씨는 최근에도 어머니와 대화하다 화가 나서 앞으로는 전화도 하지 않기로 마음먹었다고 했다.

오늘 A씨는 어린 자녀에게 사소한 일로 크게 화를 내는 자신을 보고 깜짝 놀랐다. 그렇게 싫어하던 어머니의 행동을 자기가 하고 있었기 때문이었다. 나중에 친척들로부터 '어릴 때 외할머니가 어머니에게 자주 화를 내고 어머니를 무시했다'는 이야기를 들었다. A씨는 이제 어머니를 조금은 이해하게 되었다. 그러면서 자기의 분노를 조절할 수 있도록 마음챙김을 배워야겠다는 생각이 들었다.

자녀에게 일부러 고통을 줄 부모는 없을 것이다. 하지만 부모 자신이 의식하지 못한 채 자녀에게 상처를 주는 행동을 할 때가 있다. 부모 자신이 어린 시절에 자기의 부모로부터 상처를 받았다면 자신도 모른 채 자녀에게 자신의 상처를 전달할 수 있다. 부모는 자기의 상처를 알고 받아들이면서 스스로를 따스하게 보살펴 주어야 한다.

배우자와의 관계가 좋지 않을 때도 자녀에게 피해를 줄 수 있다. 특히 배우자 중 한 사람이 열등감이 심하면 상대에게 피해의식을 느끼면서 가족을 불안하게 한다.

부모의 따스한 마음이 자녀에게 전해지면 자녀가 자신감을 가진다. 부모가 자녀를 공감하지 못하고 차갑게 대하면 자녀의 가슴이 얼어붙는다. 부모가 말하지 않더라도 부모의 표정과 목소리, 태도 등으로 냉기가 전달된다. 부모가 지금 일어나는 자기의 감정과 행동을 분명히 알아차려야 편안하게 자녀를 대하게 된다.

부모가 여러 이유로 어린 자녀를 돌볼 수 있는 시간이 부족하다면 다른 일을 조금 줄이더라도 자녀를 양육하는 데 시간을 더 할애한다. 자녀가 어릴 때 잘 돌보지 못해 나중에 자녀가 건강하지 못하면 가족이 힘들고 후회하게 된다.

부모가 자기의 마음을 올바르게 보려고 노력하지 않으면 부모가 자녀에게 집착하여 간섭하면서도 자녀를 사랑하기 때문이라고 착각한다. 부모가 자녀에게 지나친 간섭을 하거나 걱정하는 것은 부모 자신의 불안과 관련이 있다. 불안을 느낄 때 '내가 불안하구나!' 하고 분명히 알아차리면 자녀에게 불필요한 말을 하지 않는다.

부모가 자기감정을 분명하게 알아차려야 자녀에게 도움이 되는 행동을 할 수가 있다. 나는 도박중독자 아들을 둔 부인이 '아들이 돈을 빌려달라고 하는데, 어떻게 하면 좋을까요?' 하는 질문을 받고 아들에게 돈을 빌려주지 않도록 당부하였다. 부인은 아들이 교도소에 가지 않을까? 하는 걱정으로 돈을 빌려주고 싶었다. 하지만 돈을 빌려주면 아들은 그 돈으로 다시 도박을 하게 된다. 이때 부인이 '내 마음이 편해지기 위해서 아들에게 돈을 빌려주어 도박 빚을 갚으려 했구나!' 하는 것을 알면 돈을 빌려주지 않고 그 불편함을 감당할 수 있다. 나는 약 2년 후에 중독자 가족모임에서 그 부인을 만났는데, 부인으로부터 "그때 교수님과 대화한 후 아들에게 돈을 빌려주지 않았는데, 지금은 아들이 도박을 하지 않습니다. 고맙습니다."라는 인사를 들은 적이 있다. 그 당시 부인은 자기 마음을 좀 더 객관화하여 볼 수 있었다.

부모가 자녀에 대한 자기 마음을 정직하게 알아차리고 인정하는 지혜로운 사랑이 있어야 자녀를 제대로 돌볼 수 있다.

성인인 자녀 대신에 부모가 무엇을 대신해 주려는 마음이 일어나면 그런 마음을 알아차린다. 만약 자녀가 혼자서 할 수 있는 일이라면 혼자서 하도록 하고 자녀가 도움을 요청하면 도와준다. 설사 자녀가 넘어지더라도 부모가 믿고 기다려 주면 자녀는 다시 일어서서 자기 길을 가게 된다.

부모는 지금 자녀의 심정이 어떤지, 자녀의 입장에서 생각하고 느껴 본다. 부모 자신의 생각이 아닌 자녀의 입장에서 생각해 본다.

내가 공동연구자의 한 사람으로 참여한 연구에서, 부모가 청소년인 자녀와 의사소통이 잘 된다고 생각하는 정도는 자녀의 행복이나 중독 정도와 아무런 상관이 없었다. 그러나 청소년이 자기 부모와 의사소통이 잘 된다고 생각하는 정도는 청소년의 행복과 중독에 영향을 미치고 있었다(김미숙, 박상규, 김성우, 2020). 이러한 연구결과는 부모는 자녀의 입장에서 이해하고 대화해야 한다는 것을 강조하고 있다.

부모는 자녀를 위해 말한다고 생각하지만 자녀의 입장에서는 잔소리로 받아들일 수 있다. 말하기 전에 지금 자녀의 입장이나 감정이 어떤지 생각해 본다.

자녀가 소중한 만큼 부모는 자기의 말과 행동을 마음챙김 하면서 대화한다. 자녀의 마음이 다치지 않도록 지금 자신이 말하는 것을 알아차리면서 말한다.

부모가 자기 생각에 사로잡혀 있는 채 자녀를 만나면 자녀가 눈에 잘 들어오지 않는다. 깨어 있는 마음으로 자녀를 만나야 자녀의 마음을 잘 이해하고 공감하게 된다. 부모가 마음챙김 하면서 자녀와 대화하면 서로의 마음이 잘 통하면서 분위기가 따스해진다.

부모가 자녀를 대할 때 자기감정을 분명히 알면 자녀의 감정도 예리하게 느낄 수 있어 올바른 양육이 가능하다. 아직 어린 자녀는 인지능력이 발달하는 중이기에 부모가 옳고 그른 행동을 알려 주어야 한다. 아이를 나무랄 때도 부모의 따스한 감정이 잘 전달되도록 해야 한다.

부모는 자녀가 받아들일 수 있는 규칙을 만들어서 일관성을 가지고 규칙을 지키도록 한다. 아버지와 어머니의 행동도 일관되어야 한다. 아버지와 어머니가 자녀에게 대하는 기준이 다르면 자녀가 불안해하고 혼란에 빠질 수 있다.

부모는 지금 자신이 자녀에게 일관성 있게 대하는지, 자녀의 입장에서 이해하려 하는지, 자녀의 마음에 공감하는지를 알아본다.

자녀의 행복을 바란다면 부모가 먼저 행복하게 사는 모습을 보여준다. 부모가 행복하면 자녀도 편안하고 자기 역할을 잘하게 된다. 자녀는 부모의 행동을 보고 배운다. 하지만 정신적으로 건강하지 않고 행복하지 않은 부모 아래서도 훌륭하게 자라나는 아이들이 많이 있다. 우리 주변에는 어린 시절에 건강하지 못한 가정에서 자랐지만 성인이 되어서 자기 역할을 잘하고 사회에 기여하는 사람이 많다. 나는 아버지가 알코올 중독자이지만 자녀는 성인이 되어 의사, 변호사, 성직자 등으로 사회에 봉사하는 사람들을 알고 있다. 어린 시절에 부모의 사랑을 많이 받지 못했더라도 있는 그대로 부모를 받아들이면서, 자기 목표를 가지고 자기를 잘 조절했기 때문이다. 그들은 환경이나 가정 분위기 탓으로 돌리지 않고 자기 인생은 자기가 책임진다고 생각하면서 자기를 잘 꽃피운 사람들이다.

누구나 완벽할 수 없고 자기 그릇만큼의 사랑을 전할 뿐이다. 부모가 지금 불안하거나 스트레스를 받고 있다면 부모 스스로가 그런 마음을 분명히 알아차리는 것만으로도 자녀를 편안하게 한다.

좋은 부모는 사랑을 마음껏 베풀면서도 지혜로운 스승의 역할을 한다. 부모는 자기의 호흡이 편안한지 살펴보면서 자녀와 대화한다.

가족과 잘 지내기

가정은 함께 살면서 서로 사랑하는 공동체이다. 각자가 자기 역할을 다하면서 서로를 배려한다. 아버지는 아버지로서의 역할, 어머니는 어머니로서의 역할, 자녀는 자녀로서의 역할을 다한다.

각자가 역할을 제대로 하지 못하고 있다면 무엇이 방해되는지를 알아보고 방해되는 것을 줄이도록 한다. 내가 밖에서 친구들과 만나면서 시간을 많이 보낸다면, 집에서 가족과 함께하는 시간을 늘려나간다.

배우자가 자기를 무시한다고 생각할 때가 있다. 이때 이 사람이 나를 무시하기 때문에 이렇게 행동하는지, 아니면 이 사람 자신의 문제 때문인지를 구분해 볼 필요가 있다. '이 사람이 지금 힘들어서 그렇구나!' 하고 알아차리면 배우자에 대한 안쓰러운 마음이 일어난다.

부부가 서로에게 기대하는 것은 다를 수 있다. 좋은 관계를 위해서는 상대의 입장에서 상대가 기대하는 것을 알아차리고 해 주면 된다. 또 내가 상대에게 기대하는 것이 무엇인지를 알아차리고 그런 기대가 현실에 맞는지도 살펴본다.

부부는 비의식적으로 자기 부모에게 바라던 것을 배우자에게 기대할 수 있다. 부모에 대한 감정으로 배우자를 바라볼 수도 있다. 지금 내가 배우자에게 무엇을 기대하는지 분명히 알아차리면 지금 함께 숨 쉬는 현실의 배우자를 만나게 되어 관계가 편해진다.

D씨는 요즈음 직장 일로 스트레스를 많이 받고 있다. 집에 와서 남편에게 위로받고 싶었는데 남편이 무뚝뚝하게 대하자 화가 났다. 그러던 중 '지금 화가 나는구나!' 하고 알아차렸다. 마음이 조금 안정되자 D씨는 자신이 힘들 때면 아버지가 다정하게 위로해 주고 어려운 문제도 잘 해결해 주었다는 것을 기억하였다. D씨는 남편이 아버지처럼 다정하게 대해 주기를 바랐는데, 그렇게 하지 않자 실망하고 화가 났다는 것을 보게 되었다. D씨는 남편이 성격이 무뚝뚝하고 상대의 감정을 잘 공감하지 못하는 사람이라는 것을 알기에 지금 이대로의 남편을 받아들이기로 하였다. 그러자 마음이 편안해졌다.

상대가 자신이 바라는 것을 알아서 해 주기를 원하면서 자신은 상대를 배려하지 않으면 갈등이 일어난다. 좋은 관계를 위해서는 배우자가 좋아하고 원하는 것을 잘 알아보고 먼저 해 준다. 남편이 늦게까지 술을 마시고 집에 들어오는 것을 부인이 싫어한다면 남편은 술모임을 자제하고 대신에 부인이 좋아하는 집 청소를 하면 관계가 좋아진다.

부부는 배우자도 나처럼 존중받고 싶다는 것을 알고 상대가 존중받는다고 느끼도록 말하고 행동한다. 말하면서도 자기의 표정이나 목소리, 태도를 관찰하면서 말한다.

또 자신이 배우자에게 기대하는 것이 무엇인지 알아차리고 배우자에게 요청할 수 있다. "당신이 나를 좀 다정하게 대해 주었으면 좋겠어."라고 말한다.

배우자와 내가 기대하는 것이 다르고 성격이 맞지 않아도 자녀를 생각하는 마음이 같다면 아직 희망이 있다. 가족의 행복이 가장 중요하다면 가족의 행복을 위해서 서로 타협책을 찾아본다. 지금 내가 어떻게 생각하고 행동하는 것이 가족 모두에게 이익이 될까? 생각해 본다.

부모의 지나친 간섭은 자녀를 힘들게 한다. 특히 자녀가 성인이 되고 결혼까지 했는데, 자주 자녀를 간섭하고 나무라면 자녀의 부부 관계가 나빠진다. 부모가 자기의 집착과 욕심을 알아차리고 멈출 수 있어야 자녀와의 관계도 편안해지고 자녀가 행복하다.

결혼한 자녀에게 부모가 지나치게 간섭한다면 자녀는 부모에게 자기의 감정을 표현해 본다. 부모님에 대한 존중과 사랑의 마음을 지닌 채 "어머님께서 그렇게 간섭하시니 불편합니다. 우리 문제는 우리가 알아서 하겠습니다. 앞으로는 우리를 믿고 맡겨 주시면 고맙겠습니다."라고 자기감정을 표현하면 부모님도 자녀의 감정을 이해하면서 자제할 수 있다. 그럼에도 부모의 간섭이 계속된다면 적절한 거리를 두는 것이 자기 가정을 지키는 방법이다. 자녀가 자기감정을 적절하게 표현할 수 있어야 부모와 자녀 간의 관계도 건강해지고 자녀의 부부 관계도 좋아진다.

자기를 있는 그대로 보고 수용할 수 있는 힘이 있을 때 있는 그대로의 부모를 이해하고 수용하게 된다. 내가 바라는 모습은 아니지만 부모는 자기 나름대로 열심히 살아왔다. 지금 이대로의 부모를 받아들이고 감사하면 호흡이 깊어진다.

알코올 중독으로부터 회복 중인 L씨는 알코올 중독자인 아버지를 원망하였으나 회복하면서 아버지를 좋은 스승으로 생각하고 그리워하게 되었다. 처음에는, 이미 돌아가셨지만, 자신을 학대하고 어머니를 가출하게 한 장본인인 아버지를 원망하였다. L씨는 회복되면서 "아버지가 '너는 술을 마시면 이렇게 된다. 너는 나와 같은 삶을 살지 마라'라고 온몸으로 알려 주었는데, 그것을 이제야 알게 되었다. 아버지가 나에게 가장 좋은 스승이다."라고 말하였다(박상규 외, 2024).

개인의 정신건강 상태와 성숙 정도에 따라 가족이나 다른 사람을 대하는 태도가 달라진다. 상담을 하면서 자주 겪는 일이다. 처음에는 부모에 대해 부정적인 감정을 표현하던 내담자가 나중에는 부모를 그리워하고 감사하는 등 긍정적 감정을 표현한다. 부모는 그대로인데, 내가 달라지니 부모를 다르게 본다.

지금 내가 성공했다면 지난날의 힘든 것도 좋은 추억이 된다. 내가 지금 충만하면 지난 과거도, 다른 사람도 좀 더 긍정적으로 보게 된다.

가족이 각자 자기 역할을 다하면서 서로를 배려하면 가정이 화목하다. '닭이 먼저인가, 달걀이 먼저인가?'를 따지지 말고 자기부터 달라지면 상대도 달라질 수 있다.

7 / 자기역할과 마음챙김

▋ 남을 도울 때 마음챙김 하기

남을 도울 때 일어나는 자기의 감정이나 욕구를 분명히 알아차린다. 봉사하면서도 수시로 자기의 호흡을 관찰해 본다. 호흡이 얕고 불안정하면 지금 내가 무엇에 집착하지 않는지 알아본다. 봉사하기 전, 봉사하는 중, 봉사 후에도 자기의 호흡이 깊고 편안한지 살펴본다.

다른 사람을 돕기 전에 자기와 상대, 상황을 잘 점검해야 자신과 남에게 피해를 주지 않는다. 물에 빠진 사람을 구하려고 할 때 내가 이 사람을 구할 수 있는 준비가 되었는지 살펴야 하듯이, 다른 사람을 돕기 전에 남을 잘 도울 수 있는 준비가 되었는지, 내게 역량이 있는지 점검해 본다. 자기를 잘 알아야 다른 사람도 살리고 자기도 살 수 있다.

봉사는 남을 도우면서 자기를 돕는 것이다. 남을 살리면서 나도 살린다. 남을 돕는 것이 나의 마음을 편안하게 하고 만족감을 준다. 남에게 따스한 마음을 전하면서 내가 따스해진다.

타인을 행복하게 하는 것은 결국 나를 행복하게 한다. 봉사하면 자존감이 올라간다. 삶에 무력감을 가지고 살던 사람이 장애인 시설에 방문하여 장애가 심한 사람들이 서로를 돕고 열심히 살아가는 모습을 보면서 재기의 희망을 갖게 되었다는 이야기를 들었다. 힘든 상황에 놓인 사람들이 서로에게 봉사하는 모습을 바라보는 것은 삶에 대한 희망과 용기를 가지게 한다.

봉사할 때 호흡은 깊고 편안하다. 봉사하면 행복하고 건강도 좋아진다. 지난날 봉사하였던 추억들을 생각하는 것만으로도 마음이 평온하다. 처음에는 봉사를 망설일 수 있으나 봉사한 후에는 결국 보람을 느끼게 된다. 봉사할 때나 봉사한 후의 호흡은 깊고 길다.

비록 돈을 받고 일하더라도 봉사의 마음으로 일하면 행복하다. 조그마한 카페를 운영하는 사장이라면 카페에 찾아오는 손님이 편안하게 쉴 수 있도록 봉사한다는 마음으로 손님을 맞이한다. 그러면 손님도 편안하고 자신도 행복하다.

누구든지 지금 이 상황에서 자기 역량으로 타인과 사회에 도움을 줄 수 있는 일을 하면 된다. 반드시 크고 대단할 필요가 없다. 어떤 때는 힘든 사람 옆에서 함께 있는 것만으로도 큰 위로가 된다.

남을 돕다 보면 쉽게 포기할 수도 있다. 나는 오랜 시간 중독자를 만나 보았으나 아직도 쉽지 않은 것이 중독자에 대한 상담이다. 그러나 포기하고 싶은 마음도 알아차리면서 자신을 격려하면 마음이 편해지고 중독자로부터 배우는 기쁨을 얻는다.

도움을 받는 사람에게도 마음챙김이 필요하다. 도움 받는 사람은 도움 받을 때의 감정을 정직하게 알아차린다. 알아차리지 않으면 스스로 할 수 있는 일임에도 불구하고 계속 다른 사람의 도움을 받으려고만 하여 자기를 발전시키지 못하고, 타인과의 갈등이 생겨난다.

도움 주는 사람이나 도움 받는 사람 모두가 자기감정이나 욕구를 분명히 알아차려야 제대로 도움을 주고받을 수 있다.

❚사람은 사랑으로 변화된다

사람은 누군가가 자신을 진정으로 사랑한다는 것을 체험하면 자기의 생명성을 잘 발휘하여 자기를 꽃피운다. 봄의 따스한 온기가 아름다운 꽃을 피우게 하듯 사람은 사랑의 힘으로 자기를 꽃피운다.

자녀가 안정된 부모로부터 존중과 공감을 받으면 자신의 잠재력을 잘 발휘하여 자기를 실현하게 된다. 하지만 부모로부터 적절한 사랑을 못 받았다 하더라도 부모가 아닌 다른 누군가로부터 혹은 신으로부터 진정한 사랑을 체험하면 자기를 사랑하면서 자기 능력을 잘 발휘한다.

만약 부모나 누구로부터 사랑을 받은 기억이 없다면, 자신이 다른 사람에게서 받고 싶었던 사랑을 스스로에게 베풀어 보라. 마음이 따스해지면 주변 사람에게 자신이 받고 싶었던 사랑을 주는 연습을 해 본다. 마치 자기 자비명상을 한 다음에 타인 자비명상을 하듯이 자기를 사랑하면서 타인을 사랑하는 연습을 해 본다.

힘들더라도 지금 이대로의 자기를 인정하고 보살피면서 자기가 해야 할 중요한 일에 집중한다. 성인이라면 남들에게 인정받으려 하기보다 자기 스스로를 인정하고 사랑해야 한다. 자신이 자기를 가장 잘 알기 때문이다.

사람이 완전히 바뀌기는 쉽지 않다. 하지만 나는 사람이 누군가로부터 진정한 사랑을 받았을 때 변화되는 모습을 많이 보아 왔다. 교도소에서, 회복 중인 중독자를 보면서 사람이 변화할 수 있다는 것을 느끼고 있다. 상담을 받은 내담자들이 자기를 이해하고 존중하면서 성장해 가는 모습을 바라본다.

어떤 사람을 변화하도록 돕고 싶은가? 조건 없이 정성스레 사랑의 온기를 전하면 상대는 그 온기로 자기를 아름답게 꽃피울 수 있다.

▌ 나를 힘들게 하는 사람 대하기

나의 불편한 감정을 상대가 받아들이면 상대가 변화할 수 있다. 그러나 내가 한두 번 말해도 상대가 달라지지 않는다면 상대의 행동을 바꾸려고 애쓰기보다는 상대를 그대로 받아들이고 그 시간에 내가 할 수 있는 일을 한다.

다른 사람들은 불편해하지 않는데, 유독 자신만이 어떤 사람의 말과 행동에 신경이 거슬린다면 그때는 자신을 깊이 이해할 수 있는 좋은 기회로 삼을 수 있다.

평소에도 내가 어떤 상황에서, 어떤 말에 주로 화가 나는지를 살펴보면 자기 문제를 이해하게 된다.

다른 사람과의 만남이 불편하면 자기 성찰을 통해 자기를 자각한다. '알고 보니 내가 그런 사람이구나!' 하고 알아차린다. 분석심리학자 칼 융은 사람들이 자기 내면에 있지만 스스로 잘 보지 못하는 자신의 모습을 '그림자'라 칭하였다. 그림자는 비의식의 깊은 부분에 있기에 상담을 받거나 깊은 성찰을 하기 전에는 잘 파악할 수 없다. 어떤 사람이 보여 주는 말과 행동이 유난히 거슬리거나, 영화나 드라마를 보았을 때 마음에 걸리는 사람이 있다면 '나의 그림자가 손님으로 나타났네' 하고 알아차린다. 어떤 사람이 싫은 것은 그 사람이 보여 주는 행동 자체가 아니라 내가 그런 행동을 하는 사람을 싫어하기 때문이다. 사람이 자기를 깊이 이해할수록 미워하는 사람이 줄어든다.

어떤 사람과의 대인관계가 원만하지 않다면 그것이 자신의 문제 때문인지, 상대의 문제 때문인지를 알아본다. 상대의 문제라면 그 사람을 바꾸려 하기보다 내가 그 사람을 잘 받아들이면서 적응한다.

직장인 G씨는 동료 직원에게 회사 업무와 관련된 부탁을 하였는데, 약속 시간이 지나도 동료가 그 일을 진행하지 않는다는 것을 알게 되었다. G씨는 '이 사람이 나의 말을 듣지 않는구나!' '나를 만만하게 보는구나!' 하는 생각이 들어 화가 났다. 하지만 주변 사람의 말이나 이 사람의 평소 태도로 볼 때 이 사람은 직장의 다른 사람이 무엇을 부탁하거나 지시해도 정해진 시간 내에 일을 마치는 경우가 없다는 것을 알게 되자 분노가 줄어들었다.

율곡 이이는 『격몽요결』에서 "다른 사람이 자신을 비난한다면 스스로 돌이켜 반성한다. 실제로 비난받을 행위를 했다면 빨리 잘못을 고쳐 나간다. 혹시 자신의 잘못이 적은데 과장하였다 하더라도 이전의 잘못을 마땅히 고쳐 나간다. 하지만 자신에게 잘못이 없고 거짓말을 만들어 낸다면 그 사람은 망령된 사람으로 보면 된다."고 하였다(이이, 2013). 자기의 잘못이라고 생각되면 신속히 고쳐 가고, 다른 사람의 문제라면 그대로 받아들인다.

E씨는 최근 친구를 만나면서 심하게 화가 났다. 친구가 자기 의견만 옳다고 주장하면서 E씨의 말을 들으려고 하지 않았다. E씨는 자기가 화난 이유가 이 친구가 나를 무시한다고 생각하기 때문이라는 것을 알아차렸다. 그러나 평소 이 친구가 자기 가족이나 다른 사람과의 관계가 원만하지 않고 자기 생각에 갇혀 있는 사람이라는 것을 떠올리자, 이 사람의 문제로 내가 상처받을 필요가 없다고 생각하였다. E씨는 분노가 줄어들면서 그 친구에 대해 안타까움마저 일어났다.

나의 잘못이 아닐 때는 '그 사람의 삶의 방식이 그렇구나!' 생각하면 분노가 줄어든다. 상대를 있는 그대로 받아들이면 내가 편안하다.

다른 사람을 힘들게 하는 사람의 대부분은 본인의 마음이 편안하지 않다. 이 사람은 지금 자신의 기분이 어떤지를 알아차리지 못할 뿐더러 자신의 말로 상대가 얼마나 상처받는지를 알지 못하는 경우가 많다.

내가 불안하고 열등감을 느끼면 상대의 말에 쉽게 스트레스를 받으며 분노가 일어난다. 하지만 지금 내 마음이 편안하고 여유롭다면 다른 사람을 좀 더 편안하게 대할 수 있다.

전문 직종에 종사하는 S씨는 직장에서 전문성을 발휘하여 열심히 일하고 있으나 낮은 임금과 장래성이 부족하다는 것을 느끼며 근무하고 있었다. 직장을 마치고 집에 오면 배우자가 하는 사소한 말도 자기를 무시하는 것처럼 생각되어 갈등이 일어났다.

어느 날 S씨는 S씨의 성실한 태도와 뛰어난 전문성을 눈여겨본 다른 회사에 스카우트되어 직장을 옮기게 되었다. 새로운 회사에서 인정받아 충분한 보수를 받으면서 일하사 마음의 여유가 생겼다. 집에 와서도 부인이 이전과 같은 내용의 말을 하더라도 편안하게 받아들이면서 오히려 부인을 배려하는 모습도 보여 주었다.

어떤 사람이 나에게 대하는 행동으로 자신을 깊이 볼 수 있다. 다른 사람이 내 뜻대로 따라 주지 않을 때 일어나는 자기감정을 주시함으로써 자기를 이해하게 된다.

중독자를 대상으로 집단 프로그램을 진행한 적이 있다. 이때 삐딱한 자세로, 고개를 숙인 채, 나의 질문에 아무런 반응이 없는 사람을 만나게 되었다. 그때 불편한 감정이 일어나면서 중독자가 회복하기를 바라는 나의 기대와 욕구를 보게 되었다. 이 사람을 있는 그대로 보기보다는 나의 욕심대로 이 사람을 본 것이다. 그래서 이 사람이 할 수 있고 회복에 도움이 될 수 있는 것이 무엇일까를 생각하여 독서 요법을 하였고, 이 사람은 잘 참여하였다. 대인관계에서 불편한 자기감정을 주시하면 현실에 맞게 행동하게 된다.

〝나를 지키는 대화

상대를 만나기 전에 지금 자기의 호흡 상태가 어떤지를 관찰한다. 호흡이 길고 깊은지 아니면 짧고 불안정한지 살펴본다. 호흡이 불편하면 마음이 편하지 않다는 것이다. 1분 정도 호흡을 깊고 길게 한 다음에 대화한다. 대화 중에 마음이 불편하면 알아차리고 잠시 숨을 깊고 길게 내쉬어 본다. 마음이 편안해진다.

대화하면서 상대와 부딪힐 것 같으면 미리 대화 주제를 바꾸거나 대화를 멈춘다. 마치 길을 가는데, 정면으로 걸어오는 상대가 앞을 보지 않고 나에게로 걸어 온다면 내가 알아차리고 피하는 것과 같다.

나의 생각과 상대의 생각이 다르면 '이 사람의 생각이 나의 생각과 다르구나!' 하면서 받아들인다.

다른 사람을 만나면서 불편하다면 상대에게 나의 감정을 솔직하게 표현해 본다. 있는 그대로 나의 감정을 표현했는데, 상대가 받아주지 않고 태도가 달라지지 않으면 앞으로는 거리를 두는 것이 좋다.

망상이 있는 사람은 다른 사람의 말을 들으려 하지 않고 논리적으로 설득해도 받아들이지 않는다. 망상을 가진 사람과 대화할 때는 망상에 반대하여 말하거나 망상에 동조해서는 안 된다. 단지 중립적으로 대화하면서 자존심을 상하게 하지 않도록 유의한다. 전문가가 아니라면 망상이 있거나 피해의식이 심한 사람은 가능한 한 만나지 않는 것이 좋다.

대화한 후에 기분이 나쁘거나 불안하거나 화가 나면 스스로에게 '힘들었구나' '괜찮아' '잘했어' '걱정하지 않아도 돼' 하면서 다독인다. 사랑하는 어머니가 나에게 말하듯이 그렇게 말해 준다.

인간은 서로가 영향을 주고받는다. 내 마음이 따스하면 주변 사람에게 따스한 온기가 전달된다. 내가 편안하고 따스하면 상대도 달라질 수 있다. 지금 일어나는 나의 마음을 분명히 알아차리면서 상대에게 따스한 마음을 전해 본다.

⬛ 분노는 내 안에 있다

분노는 내 안에 있다. 다른 사람과 대상은 내 안에 있는 분노의 불씨를 피우는 계기를 만들 뿐이다. 내 안에 있는 분노의 불씨를 알아본다. 어린 시절에 겪은 상처가 가슴 속 깊이 남아 있다가 때가 되면 분노가 되어 불타오른다.

자기에게 일어나는 분노를 분명히 알아차리면 분노를 잘 조절할 수 있다. 분노가 일어날 때 잠시라도 숨을 깊고 길게 내쉬면 상황에 잘 대처할 수 있는 여지가 생긴다.

초등학생 딸아이를 둔 U씨는 "어릴 때 어머니는 화가 나면 나에게 막말을 퍼붓고 때리면서 괴롭혔다."고 말하였다. 당시 U씨는 어머니의 행동을 받아들이기가 어렵고 억울했지만 혹시 어머니가 자기를 버릴까 봐 하는 불안으로 참으면서 살아왔다.

영리한 U씨는 모범 학생으로 열심히 공부하여 사회로부터 인정받으면서 누구나 부러워하는 좋은 직장에 다니고 있었다. 어느 날 딸아이가 사소한 실수를 하자 갑자기 심한 분노가 일어나면서 아이에게 막말을 퍼붓고 괴롭혔다. 그러면서 그런 자신을 학대하기 시작했다. 문득 U씨는 조금 전 자신이 딸에게 보여 준 행동이 어린 시절에 어머니가 자기를 대했던 행동과 같았다는 것을 깨달으면서 목 놓아 울기 시작하였다.

최근에 마음챙김을 배우게 된 U씨는 자신에게 일어나는 분노 감정을 들여다보면서 이것이 어린 시절에 어머니와의 관계에서 비롯되었다는 것을 알게 되었다. 어머니의 사랑을 받고 싶었으나 좌절되었던 아이의 분노가 자기 내면에서 자기에게 영향을 미치는 것을 알았다. 결국 자신에게 분노하였다는 것을 자각하게 되었다.

U씨는 1분 정도 호흡명상을 한 다음에 자신을 비난하기보다는 스스로에게 '많이 힘들었구나!' '사랑해' 하면서 자신을 감싸 안고 보살펴 주었다. U씨는 마음이 안정되자 곧 딸에게 사과하기로 마음먹었다.

지금 내가 분노한다는 것을 알아차리면 일시적으로 분노의 흐름이 차단되어 조절이 가능하다. 분노가 일어날 때 분명히 알아차리지 못하면 자신과 타인에게 피해를 준다. 살인, 방화, 폭행 등은 자기의 분노를 알아차리지 못했기에 일어난다.

분노가 일어날 때 몸에서 일어나는 변화를 잘 알아차리면 조절하기 쉽다. 머리가 아파오는 것, 호흡이 가빠지는 것, 혈압이 오르는 것 등의 신체 반응이 나타나면 분노가 일어나고 있음을 알아차린다.

몸에 대한 마음챙김, 호흡에 대한 마음챙김은 분노를 빨리 알아차리고 조절할 수 있는 힘을 키워 준다.

H씨는 직장에서 동료가 자신에게 무례하게 대하자 머리가 아프고 호흡이 가빠졌다. H씨는 '분노라는 손님이 왔구나!' 하고 알아차리고 척추를 똑바로 세우고 몸에 힘을 빼면서 1분간 호흡명상을 했다. 그러자 분노가 줄어드는 것을 느끼게 되었다. 이후에도 H씨는 분노가 일어나면 마음챙김을 하면서 분노를 조절하였다.

R씨는 배우자가 자기의 생일을 맞아 선물을 사 주기를 바랐는데, 배우자가 생일을 잊어버리고 선물을 사 오지 않아서 화가 났다. 마음챙김을 하면서 '자신이 배우자에게 기대했는데, 좌절되었기에 화가 난다'라는 것을 알게 되었다. 자신이 배우자에게 아예 기대하지 않

앗다면 화가 나지 않았을 것으로 생각했다. 또 '배우자가 나를 배려하지 않아서가 아니라 회사 일에 지쳐 생일을 깜박 잊어버린 것이다.'라고 생각하니 분노가 줄어들었다.

많은 사람이 자기의 분노 감정을 알아차리지 못한다. 마음챙김 수행을 하더라도 초기에는 분노 감정을 금방 알아차리지 못하고 한참 시간이 흐른 다음에 알아차리고 후회한다. 하지만 꾸준하게 수행하면 분노 감정이 일어나는 순간에 자기 몸의 느낌으로, 호흡 상태로 알아차릴 수 있어 분노가 조절된다.

지금 내가 화가 났다면 화가 났다는 것을 분명히 알아차린다. 마음이 안정되면 무엇 때문에 화가 난 것인지를 살펴본다. 만약 내가 상대가 나를 무시한다는 생각에 화가 났다면 과연 상대가 나를 무시하였다는 증거가 있는지, 그게 사실인지 알아본다. 생각을 이성적으로 바꾸는 것만으로도 분노가 일어나지 않는 경우가 많다.

상대에 대해 분노가 일어나는 것은 '상대가 잘못이다' '상대가 틀렸다' '상대가 공정하지 않다' 등으로 내가 생각하기 때문이다(Burns, 2011). 잠시 심호흡한 후에 마음이 안정되면 나의 생각을 바꾸어 본다. '그럴 수도 있겠다' '이 사람은 나하고 생각이 다르구나!' '이 사람은 이렇게 살아왔구나!' '이 사람의 입장에서는 그렇게 생각할 수도 있구나!' 하고 상대의 입장에서 생각해 보면 마음이 안정된다.

분노가 일어나면 분노를 행동으로 표현했을 때 나중에 결과가 어떻게 될 것인지를 생각해 본다. 과거 자신이 분노대로 행동했을 때 어떤 결과가 있었는지 한번 생각해 보는 것도 좋다.

분노가 일어나는 것을 알아차린다.

↓

척추를 똑바로 펴고 몸에 힘을 빼면서 호흡 마음챙김을 한다.

↓

생각을 이성적으로 바꾸어 본다.

↓

지금 내가 해야 할 중요한 일에 집중한다.

분노를 억압하면 마음이 무겁고 건강에 좋지 않다. 분노가 일어나면 코르티솔 등의 물질이 분비되어 면역력이 저하되고 건강이 나빠진다. 또 분노를 술이나 과식 등으로 회피하는 것도 위험하다.

분노가 일어날 때 억압하거나 회피하기보다는 분노를 분명히 알아차리고 나-표현법으로 표현해 본다. 화가 날 때는 "~ 때문에 화가 난다."라고 감정표현을 한다. 이렇게 말하는 것은 상대를 공격하고 비난하는 것이 아니라 차분히 표현하는 것으로서 자기를 있는 그대로 보여 주면서 자기를 지키는 방법이다.

내 안의 분노 감정을 알아차리면 그 감정을 살며시 보듬고 보살펴 준다. '화가 났구나! 억울했구나! 기분이 나빴겠다.' 하면서 스스로를 위로해 준다. 또 상담자나 믿을 수 있는 사람에게 분노 감정을 표현하면 분노 감정이 줄어든다.

분노가 심한 경우에는 빨리 그 환경을 벗어나는 것이 좋다. 일단 상대와 거리를 둔다. 산책한다든지, 자리를 옮겨 뜨거운 차를 천천히 마시는 것도 화를 줄이는 방법이다. 뜨거운 물이 식어 가듯이 시간이 지나고 공간이 달라지면 분노 감정도 식어 간다.

숨, 나를 치유하다

IV

영성의 힘으로

8 영성 의식하기

┏ 호흡과 영성

인간은 영성을 가진 존재이다. 영성이라는 말은 호흡에서 나왔다. 영성(spirituality)은 어원적으로 라틴어 spiritus에서 유래된 것으로 '호흡'을 뜻한다. 호흡은 영성이며 생명이다. 숨 쉬는 모든 인간은 영성의 힘으로 자기를 존중하면서 행복하게 살아갈 책임이 있다.

인간을 잘 알기 위해서는 신을 이해해야 한다. 중용에서는 '사람에 대해 알려고 하면 하늘(天)에 대해 알지 않으면 안 된다'고 하였다(류영모, 박영호, 2012). 자연을 움직이는 근원으로서의 신을 알면 인간을 올바로 이해할 수 있다. 내면의 신성, 참나를 만나면 지금 이대로의 내가 한없이 귀중한 존재임을 안다.

영적 성장을 위해서는 정신이 건강해야 한다. 건강한 정신을 가져야 욕심과 집착의 바람에 휘둘리지 않고 아름다운 향기를 오래 풍긴다.

올바른 '영성살이'란 현실 도피가 아니라 현실에서 사람답게 살아가는 것이다. 편안하게 호흡하면서 지금 자기가 해야 할 일을 한다.

▌용서하기

> 용서는 나의 가슴에 박힌 가시를 내가 뽑아내는 것이다. 누군가 나에게 상처를 주었지만 나를 치유하기 위해 용서한다. 상처에 박힌 가시를 뽑아낼 때는 잠시 아픔도 있겠지만 가시가 사라지면 몸과 마음은 더 편안해진다.

용서는 자기를 사랑하는 것이다. 용서의 이득 중 하나는 과거가 아닌 지금 여기에서 나를 살게 하는 것이다. 용서하지 않는 것은 나를 과거에 묶어 두면서 스스로를 괴롭히는 것과 같다. 자기를 사랑하고, 과거가 아닌 지금 여기에 살기 위해 용서한다.

힘이 있어야 용서하기가 쉽다. 용서하기 위해서는 내면의 힘을 길러야 한다. 자기를 존중하는 힘과 상대방의 입장을 살필 수 있는 능력이 있으면 용서가 쉬워진다.

먼저 자기에 대해 용서한다. 지난날 자신이 잘못한 것들을 찾아보고 용서한다. '그 당시에는 그럴 수밖에 없었다'며 자기를 용서한다. 타인이 나에게 잘못한 것에 대해서도 용서한다. 내가 분노와 고통에서 벗어나기 위해서 용서한다. 지금 내가 행복하기 위해서 용서한다.

용서하고 나면 마음이 편안해지고 건강이 좋아진다. 용서하지 않으면 면역력이 저하되고 건강이 나빠진다. 나의 건강을 위해서도 용서한다.

분노와 스트레스는 코르티솔을 분비하여 면역력을 저하시켜 질병을 가져오게 한다. 이에 반해 용서와 감사는 세로토닌이나 엔도르

핀을 분비하여 건강을 좋게 한다.

아직 용서가 되지 않는다면 그 마음도 그대로 알아차린다. 그리고 잠시 호흡명상을 하여 마음을 편안하게 한다.

용서하기 전과 후, 자기 호흡의 차이를 알아본다. 용서하면 호흡이 더 편해지고 깊어진다.

감사하기

감사하는 시간은 행복한 시간이다. 감사하면 마음이 편안해지고 행복하다. 감사하면 자기 중심에서 벗어나 좀 더 넓은 시각으로 타인과 세상을 바라보게 된다. 감사하면 감사할 거리를 더 많이 찾을 수 있어 행복하다.

감사하는 시간을 늘리는 만큼 행복해지기에 의식적으로 감사할 것을 찾아보고 감사하는 연습을 해 본다.

감사하면 면역력이 강화되어 건강이 좋아진다. 또 감사하면 마음이 유연해져서 일을 잘 처리하게 된다.

분노를 조절하고 우울증을 치유하는 데 감사를 사용할 수 있다. 1분 정도 호흡명상을 하고 내가 감사할 것을 찾아본다. 부모, 스승, 배우자, 자녀, 형제, 친구들에게 감사할 것을 찾아보자. 감사를 표현하면 감사의 효과가 높아진다. 상대에게 어떤 점이 감사한지 구체적으로 표현해 본다. 그러면 분노가 줄어들고, 우울증이 나아진다.

욕심은 감사의 적이다. '과거에 내가 ~했다면' 하고 생각하는 것도 욕심이다. 지금 여기에서 만족할 줄 알면 감사할 수 있다.

지금 내가 행복하고 싶다면, 지금 당장 감사하면 된다. 내가 책을 읽고 있으면 책을 읽을 수 있는 것에 감사한다. 어느 누구에게나 찾아보면 감사할 것이 많이 있다. 안 좋은 일이 일어났더라도 '이만하면 다행이다'라고 생각하면 감사할 수 있다. 아직 내가 걸어 다닐 수 있다는 것만으로도, 숨 쉬고 살아 있다는 것만으로도 감사할 수 있다.

지금 내가 가진 것에 감사하면 행복하고 대인관계가 좋아진다.

30대의 N씨는 한동안 남편과의 관계가 좋지 않아 속상하고 우울했다. 4월 어느 날 숲속을 거닐면서 맑은 공기를 마시고, 아름답게 핀 꽃을 보고, 새소리를 듣자 마음이 편안해졌다.

그러면서 전날 자녀와 대화하며 기뻤던 순간들이 떠올랐다, N씨는 사랑스러운 자녀가 있다는 사실과 자신이 지금 숲속에서 한가로이 거닐 수 있음에 감사하게 되었다. 지금은 남편과 사이가 좋지 않지만 그래도 지난날 남편이 자신에게 잘해 준 것들을 떠올려 보자 마음이 한결 가벼워졌다.

내가 나를 사랑한다면 더 많은 시간을 감사로 채워 본다. 잠시 척추를 똑바로 세우고 몸에 힘을 빼면서 편안하게 호흡하고 감사할 것을 찾아보자.

지금 숨을 들이마시고 내쉬는 것을 알아차리고 살아 있음에 감사한다.

죽음과 삶

살아 있는 모든 생명은 죽어야 하는 운명이다. 하지만 죽음은 받아들이기 어려운 사실이다.

우리는 죽음으로 사랑하는 사람과 헤어지고 처음 왔던 곳으로 되돌아간다. 죽음은 우리가 태어나기 이전의 곳, 고향으로 되돌아가는 것이고, 신의 품에 안기는 것이다. 그래서 우리 선조들은 죽음을 "돌아가셨다."라고 말한다.

죽음은 숨이 지는 것이다. 아직 호흡할 수 있을 때, 미루지 말고 내가 해야 중요한 할 일을 해 나간다. 지금 내가 만나는 사람부터 따스하게 대해 준다. 살아 있는 생명체를 사랑한다.

어느 날 나는 오래전에 돌아가신 할머니 묘소 앞에서, 생전에 베풀어 주신 할머니의 사랑에 감사하고 있었다. 그때 어디선가 노랑나비 한 마리가 날아와 묘소 옆 잔디에 살포시 내려앉았다. 노랑나비의 날갯짓을 보면서 나의 몸과 마음이 따스해짐을 느꼈다. 지금 살아 있는 생명체들을 아끼고 친절하게 돌보는 것이 돌아가신 할머니의 사랑을 갚는 것임을 알게 되었다. 지금 살아 있는 사람, 동물, 식물 등의 생명체가 자기 생명을 잘 발휘할 수 있도록 돕는 것이 나를 사랑했던 분들로부터 받은 사랑을 갚는 일이다.

우리는 언젠가는 죽을 수밖에 없는 존재이기에 살아 있을 때 편안하게 죽을 수 있는 준비를 해야 한다. 그리고 살아있을 때 철저하게 깨어 있어야 한다. 지금 이 순간에 온전히 존재할 수 있으면 그 시간은 영원과 연결된다. 술에 취해서, 마약에 취해서, 현실을 도피하면서 살기보다는 고통과 불안을 알아차리고 받아들이면서 살아가면 죽음이 덜 두렵게 느껴진다.

　죽음의 순간을 내가 어떻게 받아들이냐에 따라 평온할 수도 있고 불안할 수도 있다. 죽음의 순간에도 마음챙김이 되면 남은 자들과 잘 이별하면서, 편안한 마음으로 고향으로 돌아간다.

　돌아가신 분과의 만남은 산자의 가슴 속에서, 호흡과 호흡 사이에 이루어진다.

█세상을 보는 눈, 신을 보는 눈

영성은 사람이 사람답게 살기 위해 필요한 것이다. 사람은 영적 갈망을 가지고 산다. 마음의 공허감은 세속적인 욕망이나 쾌락으로 채워질 수가 없다. 마음의 공허를 성적 대상으로 채우면, 성적 대상이 사라졌을 때 외롭고 불안하여 또 다른 성적 대상을 찾아야 한다. 인간의 욕망은 채워지지 않기에 만족할 수가 없다. 영성으로 살면 마음이 평온하고 충만해진다. 내가 살아야 할 의미와 목적을 찾으면 좀 더 생동감을 가지고 현실에 적응할 수 있다. 지금 임시라도 내가 죽지 않고 살아야 할 의미가 무엇인지, 나의 삶의 목표가 무엇인지를 생각해 본다.

사람이 신을 올바로 만나기 위해서는 어린아이와 같은 순수함, 무위의 마음이 되어야 한다. 지적 능력과 신을 만나는 것은 별개의 문제다. 지적 능력이 뛰어난 사람이 사이비 교단에 빠져 자신과 가족이 불행해지는 사례가 많다.

인간이 신의 입장에서 신의 뜻을 온전히 이해하기는 어렵다. 다만 자신의 불안과 집착을 주시하면서 신의 말씀을 기다릴 뿐이다.

깨달음의 상태는 편하게 호흡하면서 현실에서 자기와 타인에게 도움이 되는 일을 자연스럽게 해 나가는 상태다. 분노, 불안, 슬픔이 일어나면 그대로 알아차리고 지금 자기가 해야 할 일을 해 나간다. 자신의 귀중함을 알기에 이웃을 사랑하고 존중하면서 편안하게 호흡하도록 돕는다.

깨달음의 상태에서 황홀감, 신비감, 일체감을 느낄 수 있다. 이러한 영적 체험을 귀중하게 생각하되 집착하지 않는다. 이 또한 자기에게 찾아온 손님이다.

지금 이 순간 들이쉬고 내쉬는 호흡을 알아차리면서 호흡과 함께 하는 생명, 영성을 의식한다.

참나가 운전사가 되어 자기 삶을 잘 운전할 수 있도록 자기의 마음에 깨어 있어야 한다. 누구나 자기 생각에 사로잡히면 현실에 잘 적응하지 못한다. 술에 취한 사람이 자기가 술에 취한 것을 알지 못하듯 자기 생각을 주시하지 못하면 생각의 노예가 되어 현실을 바로 보지 못한다.

마치 성능 좋은 로봇처럼 사회에 잘 적응하여 성공하고 인기를 누리는 사람도 자기 생각과 감정에 깨어 있지 못하면 술에 취한 사람과 크게 다를 바 없다.

힘들고 어렵게 살지만 자기 숨을 알아차리면서 자기 책임을 다하고 남을 배려할 줄 아는 사람에게는 사람의 향기가 풍겨 난다. 유교에서는 이상적인 인간성을 가진 이로 군자(君子)를 말한다. 군자란 정신적으로 건강한 사람으로, 현실에서 자기 책임을 다하면서 남을 잘 배려하는 사람이다. 자기 숨을 알아차리면서 현실에서 자기의 역할을 다하는 것이 자기를 존중하는 삶이다.

▌내 안의 지혜로운 스승과 대화하기

누구나 자기 내면에 참나라는 스승이 있다. 참나를 자주 만나는 사람은 지혜롭고 따스한 사람이 된다.

외부에 계신 좋은 스승을 만나면 호흡이 편안하다. 스승과 제자의 좋은 관계는 편안한 호흡으로 드러난다. 스승을 만나는 동안이나 만난 후에 호흡이 깊고 길면 행복한 시간이다. 스승과 제자는 만날 때와 헤어질 때 자기의 호흡 상태가 어떤지 살펴본다.

스승은 마음챙김 하면서 편안한 마음으로, 무위로 제자를 가르친다. 제자가 스승으로부터 사랑을 받고 있음을 느끼면 제자는 자기를 잘 이해하면서 자기 역할을 잘하게 된다.

제자의 성장을 돕기 위해서는 스승은 계속 공부하고 성장해야 한다. 좋은 스승은 제자가 자기 내면에 있는 스승을 만나도록 안내한다. 제자가 자기 내면의 스승과 자주 대화하여 자기답게 꽃피울 수 있도록 돕는다.

상담과 마찬가지로 교육도 진정성이 있어야 학생이 변화의 동기를 갖는다. 스승으로부터 진정한 사랑을 받았다는 경험은 사람을 변하게 한다. 경북 문경시의 문경회복센터에는 알코올 중독자를 많이 회복시킨 문봉규 선생이 계신다. 지금 문 선생의 제자 중에서 100명 이상이 10년 이상 회복을 잘 유지하고 있다. 어느 날 나는 잘 회복 중인 그분의 제자를 만난 적이 있다. 그 제자는 나에게 "문 선생님이 진정으로 나를 염려하고 사랑하신다는 것을 느끼면서 변화하기 시작하였다."라고 말하였다. 이처럼 진정성을 가지고 상대를 위하는 마음이 전달되어야 상대가 자신을 올바로 이해하면서 변화하게 된다.

살아 계신 스승에게도 배울 수 있지만 자신을 가장 잘 알고 사랑하는 존재는 내면의 참나이다. 자주 참나와 대화해 본다.

9 / 자연과 함께

새소리에서, 푸른 나뭇잎에서, 바람에 실려 오는 꽃향기에서 신의 사랑을 느껴 본다. 하늘의 달과 구름, 산의 나무를 보면서 편안하게 호흡한다. 자연은 우리를 가르치고 위로하는 스승이며 부모다. 자연을 통하여 참나, 신의 품성을 만난다.

▌자연과 나

자연은 우리에게 '받아들임'을 가르쳐 준다. 나는 등산을 하면서 산이 계절의 변화를 그대로 받아들이고 있음을 본다. 겨울의 추위를 받아들이는 힘으로 봄에 꽃을 피워 낸다.

자연은 배우려는 사람에게 진리를 가르쳐 주고, 힘들고 지친 사람을 위로해 준다. 자연의 변화를 통하여 인생의 무상함을 배운다. 숲이나 강, 나무를 바라보면 마음이 편안해지고 힘을 얻는다.

추운 겨울에는 벚나무 가지가 검고 메말라 있지만 따스한 봄이 되면 그 가지에서 분홍빛의 아름다운 꽃이 피어난다. 나무가 매서운 겨울바람을 견디면서 봄을 준비하듯이 사람은 시련 속에서 희망의 꽃봉오리를 만들어 간다. 자연은 '따스한 봄날이 오면 그대에게도 아름다운 꽃이 필 것이다'라고 말하며 우리를 격려한다.

삼나무의 마음

나무와 하나가 되어 나무가 하는 말을 들어 본다. 나무의 순수함과 따스함을 느낀다. 나무는 자연 그대로의 생명력을 발휘하면서 살아간다. 나는 일전에 어느 수목원에서 키가 큰 삼나무를 두 팔로 안아본 적이 있다. 그때 삼나무가 나에게 무슨 말을 하는지 들어보기로 하였다. 물론 삼나무를 통하여 내면의 목소리를 들은 것이다. 삼나무는 나에게 '지금 이 시간을 편안하고 즐겁게 보내라'고 말하고 있었다. 나무를 통해 참나가 나에게 전해 주는 말을 듣는다. 지금 여기에서 편안하게, 즐겁고, 기쁘게 살아간다.

'나'라는 생각이 사라지면 나무와 내가 하나가 된다. 나의 생명과 나무의 생명이 나의 심장으로 연결될 때 하나가 된다. 자연과 내가 하나 되는 무위의 상태는 나라는 생각이 사라진 상태이고, 어릴 때의 순수함으로 되돌아가는 상태이다.

삼나무를 안을 때 편안한 것은 그때 나의 에고가 잠시 사라졌기 때문이다. 순수함, 생명성이 인간의 본성이다. 꾸준하게 자기의 감정과 생각을 분명히 알아차려 나가면 지금 여기 내 안에 있지만 의식하지 못했던 참나를 만난다. 나무의 순수함, 자비, 따스함을 느껴 본다. 나는 지금 나무를 통해 참나를 만난다.

나는 내담자들에게 나무와 자주 대화해 볼 것을 권유한다. 저 나무가 무슨 말을 하는지 들어 보라고 한다. 그러면 내담자들은 나무가 '너는 잘 살아왔다' '고생했다' '너는 소중하다'라고 말하는 것을 듣는다. 참나의 소리를 나무를 통해서 듣는다.

지금 나무와 대화를 나누어 보고 나무가 나에게 무슨 말을 하는지 들어 본다.

▌구름과 달

고통은 바람처럼 우리를 스쳐 흐른다. 몸과 마음이 아플 때 알아차리면 평온하다. '아프구나' 하고 알아차린다. 깊고 길게 호흡한 후에 알아차리는 나는 누구인가 생각해 본다. 마음챙김의 주체인 참나는 고통을 겪는 나를 지켜본다. 불안, 슬픔, 외로움, 분노는 택시의 손님처럼, 하늘의 구름처럼 잠시 왔다가 사라진다.

참나는 구름 뒤의 달처럼 지금 여기서 빛나고 있다.

내가 하늘의 달을 보든 보지 않든 달은 항상 그대로 비추고 있다.

깊고 길게 숨을 내쉬어 본다. 숨을 알아차린다.

김미숙, 박상규, 김성우(2020). 부모와 자녀 간 의사소통이 자녀의 행복, 게임 과몰입, 인터넷 문제행동에 이르는 경로분석. **열린부모교육연구, 12**(3), 49-68.

김병환(2017). **김병환 교수의 동양윤리사상 강의.** 신론사.

김영채(1998). **사고력: 이론, 개발과 수업.** 교육과학사.

류영모(2012). **다석 중용 강의.** 박영호 엮음. 교양인.

박상규, 손명자(2000). 조망적 사회기술훈련이 정신분열병 환자의 사회기술 향상에 미치는 효과. **한국심리학회지: 임상, 19**(4), 629-643.

박상규(2012). 인지행동치료에서 치료자의 마음챙김의 역할. **상담학연구, 13**(4), 1631-1647.

박상규(2021). 노자의 무위자연의 관점에서 본 자존감과 상담적 접근에서의 시사점. **한국심리학회지: 건강, 26**(4), 617-639.

박상규(2022a). **마음챙김과 행복.** 학지사.

박상규(2022b). 중독자의 심리와 회복에 대한 영성의 역할 - 호흡과 자기사랑을 중심으로. **동서정신과학회, 25**(1), 73-87.

박상규, 권현용, 김사라, 김영순, 김혜련, 박기환, 배성훈, 서경현, 신성만, 인경스님, 전종국, 조성근, 최현주, 홍예영(2024). **상담 및 심리치료.** 학지사.

이시형(2020). **이시형 박사의 면역 혁명.** 매일경제신문사.

이이(2013). **격몽요결**. 김학주 옮김. 연암서가.

일타스님(2013). **선수행의 길잡이**. 효림.

자사(2006). **중용**. 김학주 옮김. 서울대학교출판부.

청견(2009). **숨을 기차게 잘 쉬는 법**. 붓다의마을.

해거스님, 용타스님, 김재성, 월호스님, 명법스님, 오상목, 김열권, 마가스님,
혜량스님, 박희승, 인경스님, 지운, 미산스님, 적경스님, 선업스님, 안희
영(2021). **알기쉬운 명상입문**. 한길.

Awad, S., Debatin, T., & Ziegler, A. (2021). Embodiment: I sat, I felt, I performed-Posture effects on mood and cognitive performance. *Acta Psychologica 218.*1-5.

Burns, D. (2010). *Feeling good.* 차익종, 이미옥 공역(2011). **필링 굿**. 아름드 리미디어.

Fox, K. C., Dixon, M. L., Nijeboer, S., Girn, M., Floman, J. L., Lifshitz, M., & Christoff, K. (2016). Functional neuroanatomy of meditation: A review and meta-analysis of 78 functional neuroimaging investigations. *Neuroscience & Biobehavioral Reviews, 65,* 208-228.

Guan, F., Liu, G., Pedersen, W. S., Chen, O., Zhao, S., Sui, J., & Peng, K. (2021). Neurostructural correlates of dispositional self-compassion. *Neuropsychologia, 160,* 107978.

Magnon, V., Dutheil, F., & Vallet, G. T. (2021). Benefits from one session of deep and slow breathing on vagal tone and anxiety in young and older adults. *Scientific reports, 11*(1), 19267.

Noble, D. J., & Hochman, S. (2019). Hypothesis: pulmonary afferent activity patterns during slow, deep breathing contribute to the neural induction of physiological relaxation. *Frontiers in Physiology, 10,* 468017. 1-17.

Russo, M. A., Santarelli, D. M., & O'Rourke, D. (2017). The physiological effects of slow breathing in the healthy human. *Breathe, 13*(4), 298-

309.

Wilkes, C., Kydd, R., Sagar, M., & Broadbent, E. (2017). Upright posture improves affect and fatigue in people with depressive symptoms. *Journal of behavior therapy and experimental psychiatry, 54,* 143-149.

참고문헌

저자 소개

박상규(Park Sanggyu)

영남대학교 심리학과를 졸업하고, 동 대학교 대학원에서 심리학 석사학위를, 계명대학교 대학원에서 임상 및 상담심리 전공으로 박사학위를 받았다. 임상심리전문가, 정신건강임상심리사 1급, 지도감독전문상담사 1급인 중독심리전문가로, 심리작가로도 활동하고 있다. 한국중독심리학회와 한국중독상담학회 학회장을 역임하였다. 현재 가톨릭꽃동네대학교 명예교수이며, 박상규심리상담연구소의 소장과 충청북도 소방심리지원단장을 맡고 있다.

주요 저서로는 『알코올 중독자의 회복과 성장』(공저, 학지사, 2023), 『마음챙김과 행복』(학지사, 2022), 『임상심리학』(공저, 학지사, 2022), 『숲치료 이야기』(공저, 학지사, 2020), 『행복수업』(학지사, 2020), 『알코올 중독자, 내 안의 또 다른 나』(공저, 학지사, 2019), 『중독과 마음챙김』(학지사, 2016) 등이 있다.

숨, 나를 치유하다
호흡명상으로 마음 다스리기

2025년 1월 20일 1판 1쇄 인쇄
2025년 1월 24일 1판 1쇄 발행

지은이 • 박상규
펴낸이 • 김진환
펴낸곳 • ㈜ 학지사

04031 서울특별시 마포구 양화로 15길 20 마인드월드빌딩
대표전화 • 02-330-5114   팩스 • 02-324-2345
등록번호 • 제313-2006-000265호

홈페이지 • http://www.hakjisa.co.kr
인스타그램 • https://www.instagram.com/hakjisabook

ISBN 978-89-997-3307-9 93180

정가 13,000원

출판미디어기업 학지사

간호보건의학출판 학지사메디컬 www.hakjisamd.co.kr
심리검사연구소 인싸이트 www.inpsyt.co.kr
학술논문서비스 뉴논문 www.newnonmun.com
교육연수원 카운피아 www.counpia.com
대학교재전자책플랫폼 캠퍼스북 www.campusbook.co.kr